INSTRUCTION PUBLIQUE.

ACADÉMIE DU BAS-RHIN.

THÈSE
POUR LA LICENCE,

PRÉSENTÉE

A LA FACULTÉ DE DROIT DE STRASBOURG,

ET SOUTENUE PUBLIQUEMENT

le jeudi 24 août 1854, à trois heures de relevée;

PAR

FRÉDÉRIC SCHŒLL,

de Saverne (Bas-Rhin).

STRASBOURG,

IMPRIMERIE DE L. F. LE ROUX, RUE DES HALLEBARDES, 39.

1854.

A LA MÉMOIRE DE MA MÈRE.

A MON PÈRE.

F. SCHŒLL.

A MA GRAND'MÈRE MATERNELLE.

A MONSIEUR AMÉDÉE CAILLIOT,

PROFESSEUR A LA FACULTÉ DE MÉDECINE.

F. SCHŒLL.

FACULTÉ DE DROIT DE STRASBOURG.

PROFESSEURS.

MM. Aubry ✳, doyen . . . . . Droit civil français.
Hepp ✳. . . . . Droit des gens.
Heimburger. . . . . Droit romain.
Thieriet ✳ . . . . Droit commercial.
Schutzenberger ✳ . . . . Droit administratif.
Rau ✳ . . . . ⎫
Eschbach . . . . ⎬ Droit civil français.
N. . . . . Procédure civile et Législation criminelle.

Destrais, professeur suppléant.
Michaux-Bellaire, ⎫
Beudant, ⎬ professeurs suppléants provisoires.

Bloechel ✳, professeur honoraire.

Bécourt, officier de l'Université, secrétaire, agent comptable.

MM. Eschbach, président de la thèse,
Aubry, ⎫
Destrais, ⎬ examinateurs.
Michaux-Bellaire, ⎭

JUS ROMANUM.

DE ACTIONE FAMILIÆ ERCISCUNDÆ ET DE COLLATIONE BONORUM.

PROEMIUM.

De familiæ erciscundæ actione et de collatione bonorum nobis disserendum est : quas duas quæstiones clarissimi Pandectarum eclogarii, præside Justiniano, in diversis partibus, scilicet actionem familiæ erciscundæ in libro decimo, qui simul finium regundorum et communi dividundo actiones includit, et collationem bonorum in libro septimo trigesimo, ubi scripta sunt omnia quæ testamenta et successiones spectant, ordinaverunt. Sed nos in solam familiæ erciscundæ actionem, exclusis duobus aliis, operam ponentes, in collationem bonorum quoque occupatum habuimus; nam communis hæreditatis divisio non aliter fieri potest, ac si in familia collata fuerint omnia quæ ad familiam ex lege pertinebant.

Materiam igitur duas in partes distribuimus, quarum prima de actione familiæ erciscundæ et altera de collatione bonorum tractabit.

PARS I.

DE ACTIONE FAMILIÆ ERCISCUNDÆ.

CAPUT I.

Origo et ratio hujus actionis.

Actio familiæ erciscundæ proficiscitur ex lege Duodecim Tabularum; nam in quinta Tabula scriptum erat : «Nomina inter hæredes, pro «portionibus hæreditariis, ercta-cita sunto; cæterarum rerum, si vo- «lent, erctum-citum faciunto; prætor ad erctum ciendum tres arbi- «tros dato» (*Tabula V apud Goth. Jac.* et *D.*, l. 10, t. 2, f. 1. — *Code*, l. 3, t. 36, f. 6).

Sic appelatur *ex familia* quod quidem verbum omnia bona a de- functo relicta significat, et *ex erciscendo* quia olim erciscere ut par- tire dicebatur; erciscere, hoc est erctum vel hortum, et ciere vel divi- dere. (Vide adhuc Festus verbo *Erctum.*)

Hæc igitur actio est qua, cohæredes accepta hæreditate, et a com- munione discedere volentes, inter se agunt ut dividatur communis hæreditas.

Judicium familiæ erciscundæ ex duobus constat, rebus et præsta- tionibus (*D.*, l. 10, t. 2, *ff.* 22, § 4), et est duplex non secus ac judi- cia communi dividundo et finium regundorum, quæ tres actiones vulgo *divisoriæ* dicuntur. Hæc duplicia judicia mixtam causam habere videntur, quia, ut ait Justinianus, partim in re partim in persona dant jura (*Just.*, l. 4, t. 6, § 20); sed potior est Ulpiani decisio dicentis in libro decimo nono ad Edictum : «In familiæ erciscundæ judicio «unusquisque hæredum et rei et actoris partes sustinet,» et ita actor intelligitur qui ad judicium provocavit (*D.*, l. 10, t. 11, *ff.* 2, § 4).

Præterea actio familiæ erciscundæ inter judicia arbitraria ponitur, in quibus judici permissum ex æquo et bono adjudicare (*Code*, l. 3, t. 36, *ff.* 9).

Aliud est ad familiam erciscundam agere, aliud hæreditatem petere; nam actor qui a communione discedit, adversum cohæredem habere confitetur, et si reus actori hæredis qualitatem negat, exceptione actionem repellere potest (*D.*, 1. 3, t. 11, *ff.* 37).

CAPUT II.

Inter quas personas judicium familiæ erciscundæ accipi potest.

Datur actio unicuique hæredum qui partes hæreditarias quocumque jure acquisivit, et iis generaliter quibus hæreditatem petere licet; nihil refert interdum an hæredis qualitas ex testamento, aut ab intestato, aut ex lege Duodecim Tabularum proficiscatur (*D.*, 1. 10, t. 2, *ff.* 2): quin etiam hæredes ejus qui apud hostes decessit lata lege Cornelia, et bonorum possessores et quibus restituta est ex Trebelliano vel Orphitiano senatusconsulto hæreditas, et cæteri honorarii successores judicio uti possunt (*D.*, 1. 10, t. 2, *ff.* 25). In quibusdam casibus utile datur judicium adrogato cui quarta ex constitutione D. P. Antonini defertur, quamvis adrogatus iste nec hæres sit nec bonorum possessor (*D.*, 1. 10, t. 2, *ff.* 2, § 1).

Haud necesse est cohæres hæreditaria bona jam possideat an non, quippe inter non possidentes et eos quibus jam possessio acquisita fuit, locum habet judicium.

Qui in tutela vel cura versatur, divisionem communis hæreditatis, sine tutore vel curatore, et tutor ipse loco pupilli, nisi urget, provocare non potest. Si tamen, qualibet causa, necessaria erit divisio, licet prætori familiæ erciscundæ judicium concedere, sed ut fiduciaria tantum, donec in ætatem venerit pupillus, existimabitur concessio; quia Ulpiani sententia rei communis divisio quasi alienatio recipitur (*D.*, 1. 27, t. 9, *ff.* 7).

Si ex diversis causis plures hæreditates communes ad plures pertinent, inter eosdem uno familiæ erciscundæ judicio experiri potest.

Et tandem non est dubitandum quin inter pauciores hæredes ex pluribus judicium accipi debeat (*D.*, 1. 10, t. 2, *ff.* 2, § 4).

Si dum pendet judicium unus ex litigatoribus decesserit, pluribus hæredibus relictis, non potest in partes judicium scindi; sed aut omnes hæredes accipere id debent, aut dare unum procuratorem in quem omnium nomine judicium agatur (*D.*, l. 10, t. 2, *ff.* 48).

CAPUT III.

Quæ hæreditas judicio dividitur.

Actione de qua agitur, omnis familia, hoc est, ut jam diximus, universitas bonorum a defuncto relictorum dividitur : non solum res quæ patrimonii sunt, sed etiam vectigalia et superficiaria prædia; nihilominus tamen excluduntur quæ aliis propria sunt, vel restituenda aliam functionem recipere debent : in primis liberorum peculia et uxoris dotalia, et similiter rem quam defunctus ex ea lege accepit ut eamdem statim redderet; sed res quæ ex eventu alicujus conditionis pendet, puta res quæ sub conditione legata est, hæreditaria censetur (*D.*, l. 10, t. 2, *ff.* 12, § 2).

Res quas hæredes ipsi post additam hæreditatem, causa hæreditaria acquisiere, thesaurus a testatore relictus et a cohærede effossus, animalia feræ naturæ quæ revertendi consuetudinem non amiserunt, et alienæ res quas defunctus bona fide possidebat, in judicium familiæ erciscundæ veniunt.

Ex iis vero rebus quæ in defuncti dominio sunt, nonnullas dividere non licet, ut libros improbatæ lectionis; aut si quid ex peculatu, vel ex sacrilegio, vi aut latrocinio aut aggressura acquisitum erit. Præterea tabulæ testamenti eo qui maximam partem hæreditariam accepit, et rationes authenticæ eis quorum jura spectant, remanent, et ita non dividuntur (*D.*, l. 10, t. 2, *ff.* 4, § 3; *ff.* 5, § 8).

Huc adde quod plerumque in hæreditate res conveniunt quorum natura divisionem non recipit; quo casu æstimatione facta, dummodo compensationem prætii cæteris cohæredibus tribuat, uni cohæredum res adjudicatur (*Code*, l. 3, t. 37, con. 3). Sed quum dividitur, vel in communione manet fundus cui servitus debeatur, unicuique hæredum competit servitutis actio (*D.*, l. 8, t. 3, *ff.* 23, § 3. — *D.*, l. 8, t. 5, *ff.* 4, § 3).

Res autem ab eo qui hæres non erat usucapta, si ante litem contestatam usucapio impleta fuerit, de judicio subducitur (*D.*, l. 10, t. 2, *ff.* 14).

Nomina vero divisionem non recipiunt, quia ex lege Duodecim Tabularum ipso jure dividuntur (*Code III*, t. 36, con. 6).

CAPUT IV.

De exceptionibus quibus judicium excluditur et de præscriptione.

Interdum actio familiæ erciscundæ certarum exceptionum ope excluditur; et in primis præjudicialis datur exceptio quum actor partem hæreditatis quam sibi assignatam affirmat nondum possidet, et quum reus qui possidet, hæredis qualitatem actori denegat, nam in ea re præjudicium hæreditati fieri potest. Quod si actor hæreditariorum possessionem bonorum jam habet, nihil nocebit exceptio, ea scilicet ratione quia cum possideat suam partem petitione hæreditatis agere non potest quæ possessori non datur; non debet igitur differri judicium familiæ erciscundæ donec petita fuerit hereditas, quam nec ille petere potest, nec adversarius ejus quum neget ille suum cohæredem esse, sed non dicat partem quam ille possidet esse suam.

Tamen utrumque judicium familiæ erciscundæ et petitionis hæreditatis, causa cognita, simul accipitur, qua de re Julianus nobis exemplum offert libro decimo Pandectarum, *ff.* 51, § 1.

Excluditur quoque actio pacti exceptione, cum pactum sit ne intra certum tempus fieret divisio, observata tamen hac juris regula : « Pri-« vatis pactionibus non lædi jus cæterorum » (*D.*, l. 2, t. 15, *ff.* 3), si conventum tempus creditorum jura lædere possit.

Si paterfamilias proprias res inter proprios filios divisas fecerit, et testamento divisionem confirmaverit, ratam eam esse judicabitur, nec inter se ad familiam erciscundam agere filiis licebit (*Nov. CVII*, ch. 3).

Familiæ erciscundæ judicio amplius quam semel agi non potest, quia hoc judicium magis de ipsa hæreditate dividenda quam de rebus hæreditariis dividendis datur; attamen si justa causa sit rescindendi quod priore judicio actum fuit, iterum agi poterit. Quodsi quædam res indivisæ relictæ sunt, communi dividundo de eis agi licet (*D.*, l. 10, t. 2, *ff.* 20, § 4).

Quamdiu communia manent corpora, et neque consensu, neque judicis sententia, neque transactione divisa fuerint, judicio experiri potest (*Code III*, t. 36, l. 1).

Nulli quidem spatio subjicitur actio familiæ erciscundæ, dum communis hæreditas manet; sed si quis hæredum bona defuncti veluti sua solus possideat, triginta annorum spatio concluditur; quorsum hæc Justinianus : «Nemo audeat neque familiæ erciscundæ, neque «alterius cujusque personalis actionis vitam longiorem esse triginta «annis interpretari» (*Code VII*, t. 40, l. 1, § 1).

<h2 style="text-align:center">CAPUT V.</h2>

De officio judicis.

Quum defunctus proprias res inter hæredes divisas non fecit, judicis officii est singulas res hæredibus pro parte uniuscujusque hæreditaria adjudicare, et nulla indivisa relinquere; si filius familias jussu patris obligatus sit, debebit hoc debitum præcipere, et si in rem patris de peculio vertit, peculium præcipiet (*D.*, l. 10, t. 2, *ff.* 20, § 1).

Officii quoque judicis universas res communionis æstimare et non singularum rerum partes (*D.*, l. 10, t. 11, *ff.*, § 3); præterea condemnationes et absolutiones in omnium persona facere, et ideo, si in alicujus persona omissa sit damnatio, quod fecit judex in cæterorum persona, non valebit (*D.*, l. 10, t. 11, *ff.* 27).

Sin autem res natura dividi non possit, jam vidimus supra quomodo judex partem ex æquo et bono cuique adjudicat.

Quando de familia erciscunda actum sit, actorem et reum ad jusjurandum adigere judex debet, ut firment non calumniæ causa litem intentam fuisse (*D.*, l. 10, t. 11, *ff.* 44, § 6).

Tandem officium judicis est, ut de evictione caveatur his quibus assignatam partem dedit; accidere enim potest ut post divisionem, ex divisis vel partim vel totaliter aliquis bona vindicet; in tali occursu, seu per actionem præscriptis verbis, si nihil specialiter conventum fuerit, seu per actionem ex stipulatu, si cautum, cohæredes de evictione tenentur (*Code III*, l. 14, t. 36; *D.* 10, t. 11, *ff.* 25, § 21).

PARS II.

DE COLLATIONE BONORUM.

PROEMIUM.

Olim, ex lege Duodecim Tabularum, liberi qui non in potestate erant, ipso jure erant exhæredes; sed edictis prætor emancipatos ad bonorum possessionem contra Tabulas vel unde liberi admisit, et eos bonis paternis participes fecit cum liberis qui in potestate manserunt, ea lege ut sua quoque bona in medium communionis conferant; ad eam collationem, justa æqualitatis causa, imperatorum constitutiones cogerunt omnes ad quos eadem jura in indivisa hæreditate pertinent.

Est igitur collatio propriæ rei in communem hæreditatem contributio (*D.*, l. 37, tit. 6; *Code*, l. 6, t. 20).

CAPUT I.

Quibus et quomodo fit collatio.

Liberi quibus paterna pervenit successio, inter se mutuæ bonorum collationi subjiciuntur; id est, ad communem successionem referre, vel parte sua detrahere, omnia quæ a defuncto adhuc vivente acceperunt; itaque is, qui non hæres, collationi non tenetur (*D.*, l. 37, t. 7, *ff.* 9).

A descendentibus, qui ascendentium hæreditatem adeunt, non modo bona quæ ipsi acceperunt, sed adhuc ea quæ ab eorum præmortuis parentibus referenda fuissent, colligenda sunt, quando quidem non in eorum hæreditatem venissent (*Nov. CXVIII,* ch. 1).

Fit ergo collatio vel res ipsas referendo vel minorem partem capiendo.

Cæterum jure novo parvi interest quin hæredes sui aut emancipati, quin testamentarii aut ab intestato sint.

Ex iis collationi subjectis, sunt præsertim et dos et donatio propter nuptias.

Ad collationis onus non pertinere debent quæ sine dolo et culpa hæredis perierint (*D.,* l. 37, t. 6, *ff.* 2, § 2).

CAPUT II.

Quarum non fit collatio.

Inter res quas lex collatione solvit habemus :

1° Ipso jure, alimenta et liberalis institutionis impensas, peculium castrense nec non quasi-castrense quod a parentibus suis filius accepit; deinde, quæcumque bona descendenti post mortem ascendentis per legatum, fideicommissum, vel donationem mortis causa obveniunt (*D.,* l. 37, t. 6, *ff.* 1, § 19); fructus et collationi subjectarum rerum emolumenta (*D.,* l. 37, t. 7, *ff.* 5, § 1), et generaliter omnia non propter nuptias donata.

2° Insuper testatoris voluntate unus vel omnes descendentes collationi solvi possunt, salva tamen aliorum legitima hæreditaria parte (*Nov. XVIII,* ch. 6); et invicem collationem rerum collationi minime subjectarum jubere potest testator, dummodo res illas nulla cogente lege dederit.

DROIT CIVIL FRANÇAIS.

DE L'ACTION EN PARTAGE DE SUCCESSION ET DES RAPPORTS.

(Code Napoléon, liv. III, tit. 1, ch. 6, sect. 1 et 2, art. 815 à 869.)

INTRODUCTION.

Le partage est la division entre plusieurs personnes d'immeubles ou d'effets mobiliers qu'ils possèdent en commun à quelque titre que ce soit.

La société, la communauté entre époux et l'hérédité peuvent amener la nécessité de partages qui tous sont régis par les mêmes principes et soumis aux mêmes formalités. (Code Nap., art. 1872 et 1478.)

Je n'ai à m'occuper que du partage entre cohéritiers, et comme cette matière exige quelques développements, sans m'attacher à parcourir l'un après l'autre les différents articles de la section 1re, chapitre 6 du titre *des Successions,* je suivrai un ordre plus méthodique en groupant dans un même chapitre les dispositions de la loi qui se rapprochent davantage, et en empruntant aux autres parties de la législation les notions dont l'application sera nécessaire. Nous verrons ainsi dans quels cas, dans quels délais et par qui l'action en partage peut être intentée; passant ensuite aux formes du partage, nous examinerons ce que c'est qu'un partage conventionnel ou judiciaire, définitif ou provisionnel, et nous terminerons cette matière en traçant les règles particulières du partage judiciaire.

Le retrait successoral avec ses différentes applications sera l'objet de nos explications ; puis dans une seconde partie nous nous occuperons des rapports, matière si importante dans notre législation sur les successions.

PREMIÈRE PARTIE.

DE L'ACTION EN PARTAGE DE SUCCESSION.

CHAPITRE I.

Nécessité du partage. — Dans quels cas et dans quels délais l'action en partage peut être intentée.

Le principe du partage est un principe d'ordre public qui tient à l'essence même de la propriété ; aussi le législateur a-t-il voulu le consacrer par une disposition absolue, celle de l'article 815 : «Nul ne peut être contraint de demeurer dans l'indivision.» Donner au propriétaire d'une chose tous les moyens d'exercer librement ses droits sur sa propriété et de maintenir ces mêmes droits dans toute leur intégrité, tel a été le but du législateur. En effet, l'indivision qui, d'après les termes de M. Chabot, ne convient ni à nos habitudes ni à notre régime, gène les copropriétaires, et les empêche de jouir pleinement de leur propriété, puisque avant un partage ils ne peuvent que difficilement soit aliéner, soit même améliorer des biens qui ne sont pas encore déclarés les leurs ; elle les expose en outre à la mauvaise foi et à la ruse de ceux qui possèdent en même temps qu'eux. L'état d'indivision a toujours été une source de contestations nombreuses : *Propinquorum discordias materia communionis solet excitare*, et depuis Papinien les jurisconsultes n'ont cessé de nous montrer les fâcheux résultats qu'il entraîne. Mais ces résultats la loi les pré-

vient en accordant à tout copropriétaire d'une chose indivise le droit
de demander le partage.

Il est rare que tous les biens d'une succession soient échus à une
seule personne : dans les cas les plus fréquents plusieurs héritiers se
trouvent en concours chacun pour une certaine part, et c'est alors
que se trouve applicable le principe de l'article 815 dans toute sa
rigueur, c'est-à-dire que le partage peut être demandé nonobstant
prohibitions et conventions contraires, prohibitions de la part du testateur, conventions de la part des parties.

Quant aux défenses ou prohibitions émanées de la volonté seule
du défunt, doivent être considérées comme nulles ou réputées non
écrites des clauses par lesquelles un testateur défendrait à ses héritiers
de procéder au partage jusqu'à ce que les légataires, ou l'un d'eux,
aient atteint leur majorité ; ou bien par lesquelles deux époux en dotant
leurs enfants leur imposeraient l'obligation de laisser le survivant
d'entre eux jouir de l'usufruit des biens du prédécédé sans pouvoir
demander le partage.[1]

Cependant une restriction est admise par la jurisprudence : ainsi la
condition imposée par le testateur à son légataire de ne pas demander
le partage tant que durera un usufruit ouvert sur les immeubles doit
recevoir son exécution, car les droits du légataire ne sont alors censés s'ouvrir qu'à la cessation de l'usufruit.[2]

Quant aux conventions des parties, est nul tout pacte de renoncer
entièrement au partage ; des héritiers qui s'engageraient à rester in-
définiment dans l'indivision ne seraient aucunement liés, chacun d'eux
conserve le droit de provoquer le partage. Mais il peut se présenter
des cas où les héritiers auraient intérêt à laisser les biens indivis

---

[1] La stipulation que quelques portions de terrain, telles qu'une cour, une porte
cochère, un passage, resteront communes, est valable ; car alors elle constitue une
servitude réciproque et non une prohibition de partager.

[2] Cour de cassation, 20 janvier 1836.

pendant un certain temps; la loi alors leur vient en aide et leur permet de convenir qu'ils resteront dans l'indivision pendant cinq années seulement. La convention qui prolongerait l'indivision au delà de ce terme, ne serait pas entièrement inefficace; elle serait obligatoire pendant ce délai légal. Du reste, les cohéritiers ont le droit de la renouveler, mais toujours dans la même limite de temps, et il faut admettre que le nouveau délai courra, non pas à partir de l'expiration des cinq ans désignés par la convention primitive, mais à partir du jour du renouvellement.[1]

Les créanciers d'un héritier pourraient-ils s'opposer à cette suspension, et malgré la convention exiger le partage? Quelques auteurs[2] enseignent d'une manière générale que cette faculté doit leur être accordée; mais cette opinion semble trop absolue, car il est des cas où une suspension de partage a des causes légitimes, et a été convenue dans l'intérêt même de la cohérie, intérêt qui rejaillit nécessairement sur les créanciers de l'héritier. Dans ces cas ils doivent être contraints à respecter la convention.

Que faut-il penser d'une obligation imposée par le testateur à ses héritiers, de rester dans l'indivision pendant cinq ans? MM. Duranton (t. VII, n° 80) et Dalloz (*Verbo Suc.*, n° 6) affirment qu'elle est valable; car, disent-ils, le testateur peut imposer à ses héritiers toutes conditions qui ne sont ni prohibées par la loi, ni contraires à l'ordre public (Code Nap., art. 900), et dans ce cas le délai de cinq ans n'est pas contraire à l'ordre public, puisqu'il est sanctionné par une autre disposition du Code. Pour soutenir la négative, on dit que le Code repousse en thèse générale toute prohibition et convention contraire, et n'admet une restriction qu'en faveur de la convention faite par les héritiers eux-mêmes. Cette restriction pourquoi l'a-t-il admise?

---

[1] Touillier, t. IV, n° 406; MM. Aubry et Rau, t. IV, p. 376, note 4.

[2] Chabot, sur l'article 815, n° 9; M. Duranton, t. VII, n° 84; M. Poujol, *des Successions*, sur l'article 815, n° 5.

13

parce que les parties peuvent fort bien, à la mort de l'auteur commun, s'entendre sur leurs intérêts réciproques, tandis que ce dernier a pu se tromper sur les intentions des héritiers, et surtout sur les avantages qu'ils retireront de l'état d'indivision.[1]

Le droit d'exercer l'action en partage, d'y forcer ses cohéritiers ainsi établi, voyons si ce droit peut se prescrire. Lorsque tous les héritiers ont joui en commun des biens indivis, l'action en partage est perpétuelle, car tant que dure l'état d'indivision, dure aussi le droit d'en sortir. Mais il en est autrement lorsque un ou plusieurs héritiers ont joui séparément de partie des biens de la succession : alors, bien qu'en principe le partage puisse être demandé contre eux, ils sont fondés à repousser l'action dans les deux cas suivants :

1° S'il y a eu *acte de partage* (art. 816). On argumente des termes dont le Code s'est servi pour soutenir que le partage doit être fait par écrit,[2] et que la loi exige un acte instrumentaire. Mais nous ne saurions nous ranger à cet avis; car les articles 1108 et 1134 nous enseignent que le consentement suffit pour la validité des conventions, *cum fides rei gestæ ratam divisionem satis affirmet.* Malville nous cite à cet égard l'ancienne jurisprudence, et il dit aussi que le partage n'a pas besoin d'être fait par écrit.[3] La jurisprudence actuelle est du même avis depuis 1835, et plusieurs arrêts sont d'accord sur ce point, que les cohéritiers peuvent être admis à prouver, pour repousser une demande en partage, que déjà ce partage a été opéré entre eux, dès qu'il existe un commencement de preuve par écrit,[4] ou des présomptions suffisantes[5] ; tandis qu'un acte de partage demeuré imparfait, parce que toutes les parties n'y ont pas concouru ou ne l'ont pas signé, ne peut être invoqué comme faisant preuve du par-

---

[1] M. Marcadé, t. III, § 277 ; M. Vazeille, n° 10.

[2] M. Marcadé, t. III, § 280 ; Chabot, sur l'article 816.

[3] MM. Aubry et Rau, t. IV, p. 380.

[4] Cour de cassation, 27 avril 1836.

[5] Cour de Bourges, 19 avril 1839 ; Cour de Bordeaux, 20 novembre 1852.

tage.[1] Remarquons cependant que les cohéritiers ne seraient pas moins fondés à exiger qu'un acte écrit constatât le fait du partage verbal, afin d'avoir un titre pour établir leur propriété.

2° S'il y a eu *possession suffisante pour prescrire* (Code Nap., art. 2262); car alors cette possession distincte, si elle présente tous les caractères utiles pour usucaper, fait présumer un partage antérieur. L'ancienne jurisprudence admettait aussi cette présomption de partage antérieur dans le cas où les cohéritiers avaient joui, chacun divisément, d'une portion de biens apparemment égale. Après dix ans d'une telle jouissance le partage était présumé avoir été fait, et on ne pouvait plus y forcer ses cohéritiers.[2] Malleville (t. II, n° 816) pense que sous l'empire du Code Napoléon il faut décider de même; mais nous ne pouvons admettre ni cette présomption, ni cette prescription, en face de la disposition formelle de l'article 816, qui sans nul doute a entendu parler de la possession trentenaire, car la prescription décennale suppose toujours un titre (Code Nap., art. 2265, 1304).

En serait-il autrement si un cohéritier avait vendu à un tiers la part dont il avait joui séparément, et ce tiers pourrait-il invoquer la prescription édictée par l'article 2265? Oui, dit Chabot; car il aurait prescrit la propriété des biens et non l'action en partage. Remarquons que dans ce cas il reste aux cohéritiers un recours en indemnité contre celui d'entre eux qui, par le fait de l'aliénation, a rendu impossible le partage, soit de la totalité, soit de partie des biens de la succession.

Quid de la possession séparée des meubles de la succession? Ceux des héritiers qui les détiennent pourront bien invoquer le principe qu'en fait de meubles possession vaut titre pour résister au partage; mais les autres cohéritiers se prévaudront de l'action en pétition d'hérédité pour les forcer à faire état du mobilier de la succession.

[1] Cour de cassation, 6 juillet 1836.
[2] Despeisses, p. 141 et suiv.

CHAPITRE II.

Par qui et contre qui l'action en partage peut-elle être intentée?

L'action en partage compète individuellement à chacun des co-héritiers d'une succession, en supposant qu'ils aient accepté l'hérédité ou que leur qualité d'héritier soit dûment établie et reconnue. Elle compète aussi aux successeurs de chacun des cohéritiers primitifs, et aux cessionnaires de parts héréditaires, lorsqu'on n'exerce pas vis-à-vis d'eux le retrait successoral dont nous parlerons plus tard; aux créanciers personnels de l'héritier, comme à l'héritier lui-même, en conséquence du principe que les créanciers peuvent exercer, en général, les mêmes droits que leurs débiteurs (Code Nap.; art. 1166).

La question de savoir quels héritiers sont capables ou non d'exercer l'action en partage, se décide d'après les principes de la capacité personnelle, en admettant toutefois que la loi a dû se montrer ici moins sévère que dans les cas ordinaires. En effet, à la différence du Droit romain, le partage n'est plus dans notre Droit translatif, mais simplement déclaratif de propriété, et ainsi, par l'effet du partage, l'héritier est censé avoir toujours été seul propriétaire de son lot, et réciproquement n'avoir jamais eu aucun droit sur les autres. Mais, malgré cette fiction, il n'en est pas moins vrai que chaque héritier avait, avant le partage, des droits sur les lots qui échoient à ses cohéritiers, et que, par conséquent, le partage est véritablement pour lui un acte d'aliénation. Cependant, comme cette aliénation n'est consentie qu'en vertu d'un échange de droits réciproques sur les mêmes biens, et que d'ailleurs il faudrait toujours que ce partage eût lieu, il en résulte, comme nous l'avons déjà dit, que la loi a dû laisser plus de latitude, mais par exception seulement. Voyons donc les différents cas d'incapacité qui peuvent se présenter pour l'exercice de l'action en partage.

1° Les mineurs non émancipés et les interdits : comme ils sont toujours représentés par leurs tuteurs suivant les règles relatives à la tutelle, ceux-ci, spécialement autorisés par le conseil de famille, intenteront l'action en partage au nom de leurs pupilles; mais cette autorisation ne leur sera pas nécessaire quand ils devront répondre à une demande en partage formée par d'autres cohéritiers : c'est là une conséquence du principe que nul n'est forcé de rester dans l'indivision.

On s'est demandé, d'après la teneur de l'article 464 du Code Napoléon, qui ne parle que des actions relatives aux droits immobiliers du mineur, si l'autorisation du conseil de famille était également nécessaire au tuteur pour provoquer un partage de biens mobiliers? Cet article est effectivement restrictif dans sa disposition; mais l'article suivant dit formellement que la même *autorisation est nécessaire au tuteur pour provoquer un partage;* et par ces mots le législateur a voulu dire un partage quelconque sans faire de distinction; ce qui résulte encore de l'article 840 du Code Napoléon.[1] Il peut, du reste, se trouver dans une succession mobilière des choses que le tuteur n'a pas le droit d'aliéner sans l'autorisation du conseil de famille, telles que des rentes sur l'État d'une valeur au-dessus de 50 francs[2] ou des actions de la Banque de France.[3]

Il n'est même pas nécessaire que le tuteur, pour exercer l'action, fasse homologuer la délibération du conseil de famille par le tribunal de première instance, bien que, d'après le Droit commun, l'homologation soit exigée pour tout acte d'aliénation, ce qui tend à confirmer que le partage n'est pas considéré comme une véritable aliénation.

Lorsque dans un partage il se trouve plusieurs mineurs en cause qui ont des intérêts opposés, les articles 838 du Code Napoléon et 968

---

[1] Chabot, sur l'article 817.
[2] Loi du 24 mars 1806.
[3] Loi du 15 septembre 1813.

du Code de Procédure nous disent qu'il devra être nommé à chacun d'eux un tuteur spécial.

2° Le père administrateur légal des biens du mineur (art. 389 du Code Nap.) est, sous ce rapport, assimilé au tuteur ; il lui faudra donc l'autorisation du conseil de famille pour intenter l'action en partage.[1]

3° Le mineur émancipé pourra exercer l'action avec la seule assistance de son curateur, même lorsqu'il sera question de successions immobilières. Ici la disposition de l'article 484, qui oblige de recourir, pour l'aliénation des biens du mineur émancipé, aux formalités prescrites pour le mineur non émancipé, se trouve détruite par celle de l'article 840 déjà cité et qui est spécial à la matière : *Specialia generalibus derogant*. L'assistance du curateur suffit au mineur émancipé, dont les intérêts sont en outre garantis par l'intervention de la justice.

4° Ceux qui sont pourvus d'un conseil judiciaire pour faiblesse d'esprit ou pour cause de prodigalité, pourront aussi intenter l'action avec la seule assistance de leurs curateurs.

5° *Quid* des héritiers absents ? L'article 817 *in fine* ne s'occupe que du cas où l'absence est dûment reconnue, car il attribue l'action en partage aux personnes envoyées en possession provisoire. Si l'absent a laissé un procureur fondé, les héritiers ne pouvant pendant dix ans, à dater du jour de sa disparition ou de ses dernières nouvelles, demander l'envoi en possession provisoire, l'action appartiendra à ce mandataire spécial. Lorsqu'il y aura simple présomption d'absence, d'après l'article 113 du Code Napoléon, un notaire sera, à la requête des parties les plus diligentes, désigné pour représenter l'absent dans les partages, comptes, liquidations qui l'intéresseront.

Toutefois, ces dispositions ne sont applicables que dans l'hypothèse où les cohéritiers reconnaissent l'existence du non-présent au moment de l'ouverture de la succession ; car l'envoi en possession des biens

[1] MM. Aubry et Rau, t. IV, p. 371.

personnels d'un absent n'autorise pas les envoyés à intenter l'action en partage, s'ils ne prouvent qu'il existait au moment de l'ouverture de cette succession (Code Nap., art. 135).

6° L'article 818 s'occupe de la capacité de la femme mariée qui, en règle générale, doit être représentée par son mari; cependant une triple distinction est à faire d'après les conventions matrimoniales établies entre les époux.

Lorsque les époux sont mariés sous le régime de la communauté légale, et qu'ils sont convenus que tous les biens meubles et immeubles échus par succession à la femme tomberont en communauté, le mari acquiert sur ces biens un droit de pleine propriété et peut, à lui seul, provoquer et faire un partage définitif.

Lorsque les époux sont mariés sous le régime de séparation de biens et sous le régime dotal, la dot comprenant des biens présents, le mari n'acquiert aucun droit sur les biens de sa femme; elle seule pourra figurer au partage, sans autorisation maritale si la succession est mobilière (Code Nap., art. 1449), et avec cette autorisation si la succession est immobilière; mais si le partage se fait en justice, cette autorisation sera toujours nécessaire (Code Nap., art. 215).

Enfin, lorsque les époux sont mariés, soit sous le régime de la communauté légale sans convention pour le cas d'une succession immobilière, soit sous le régime dotal, la dot comprenant les biens à venir, soit enfin sous le régime de la communauté réduite aux acquêts, dès que le mari acquiert sur les biens de sa femme un droit de jouissance, il peut provoquer un partage provisionnel,[1] et le concours de sa femme sera nécessaire pour donner à un tel partage un caractère définitif.

---

[1] MM. Rodière et Pont, *Contrat de mariage*, t. IV, n° 484.

CHAPITRE III.

Formalités antérieures au partage.

La première formalité qu'on accomplit ordinairement avant le partage est l'apposition des scellés; elle a pour but d'empêcher la soustraction des effets mobiliers qui dépendent d'une succession. La matière est régie par le Code de Procédure, art. 907 et suiv.; l'apposition des scellés doit être faite par le juge de paix ou son suppléant; elle est tantôt facultative, tantôt obligatoire.

Facultative, lorsque tous les héritiers sont présents et majeurs, car alors, maîtres de leurs droits, ils peuvent agir comme bon leur semble; mais il suffit qu'un seul d'entre eux soit en désaccord avec les autres pour qu'il ait le droit de requérir les scellés.

Les créanciers de la succession peuvent aussi provoquer cette mesure, mais seulement lorsqu'ils sont munis d'un titre exécutoire, ou lorsqu'ils sont porteurs d'une permission soit du juge de paix, soit du président du tribunal de première instance (Code de Proc., art. 909, al. 2). Les créanciers personnels des héritiers sont-ils aussi en droit d'exiger l'apposition? Il faut admettre l'affirmative, parce qu'ils peuvent en général exercer tous les droits de leur débiteur, seulement les frais pourront être à leur charge.[1]

L'article 909 du Code de Procédure énumère encore d'autres personnes à la requête desquelles l'apposition peut être faite, telles que le conjoint survivant, les domestiques en l'absence des héritiers, et en général toutes les personnes qui demeuraient avec le défunt comme pouvant avoir un droit quelconque dans la succession.

Obligatoire, si tous les héritiers ne sont pas présents, ou s'il y a parmi eux des mineurs ou des interdits non pourvus de tuteurs. L'article 819 du Code Napoléon faisait penser que l'apposition des

---

[1] Toullier, t. IV, p. 411.

scellés était nécessaire quand même les mineurs ou interdits avaient des tuteurs; mais l'article 911, al. 1, du Code de Procédure, spécial dans la matière, supprime cette nécessité pour éviter des frais devenus inutiles par la présence d'un tuteur responsable. Une circulaire du grand-juge, du 5 novembre 1808, vient encore corroborer cette disposition. Par héritiers *non-présents*, le Code comprend aussi bien les absents que ceux qui ne sont pas présents au lieu de l'ouverture de la succession. Dans ces cas, l'apposition des scellés étant obligatoire, il doit y être procédé par le juge de paix, soit d'office, soit à la requête des héritiers ou du procureur impérial.

Lorsque les scellés ont été apposés, les créanciers ont le droit de s'opposer à ce qu'ils soient levés hors de leur présence (Code Nap., art. 821; Code de Proc. civ., art. 926 et 927). Le titre exécutoire et la permission du juge de paix ne leur sont pas nécessaires dans ce cas; mais s'il se trouvait qu'ils ne fussent pas créanciers, les frais occasionnés resteraient à leur charge, et même ils pourraient subir une condamnation à des dommages-intérêts. Du reste, l'opposition à la levée faite par les créanciers peut être empêchée par le paiement de la dette.

Après la levée des scellés on procède à l'inventaire des biens, conformément aux articles 941 et suivants du Code de Procédure civile.

CHAPITRE IV.

Comment se fait le partage.

Disons d'abord que les partages se divisent en deux classes, selon qu'ils sont conventionnels ou judiciaires, c'est-à-dire faits à l'amiable ou en justice, ou selon qu'ils sont provisionnels ou définitifs; nous allons prendre l'une après l'autre ces deux divisions.

I. Le partage à l'amiable ou conventionnel n'est soumis à aucune règle particulière, il se fait comme les parties l'entendent, tandis que le partage judiciaire doit être fait suivant les formes spéciales tracées par la loi ; cette dernière forme du partage est obligatoire dans trois cas :

1° Lorsque parmi les cohéritiers il se trouve des mineurs même émancipés ou des interdits ; cependant si l'intérêt des mineurs l'exigeait, il faut décider que le partage, au lieu d'être fait en justice, pourrait prendre la forme d'une transaction réglée d'après l'article 467 du Code Napoléon.[1]

2° Si parmi les cohéritiers il y en a qui ne sont ni présents ni dûment représentés (Code de Proc., art. 985). De là il résulte que les absents et, en général, tous ceux qui ne sont pas présents au partage devront, lorsque leur existence est reconnue, être représentés par des mandataires spéciaux, munis d'un pouvoir suffisant pour procéder à un partage amiable ; ainsi des mandataires judiciaires ou légaux, tels que des notaires ou des parents envoyés en possession provisoire, ne pourront concourir à ce partage sans être pourvus d'un mandat spécial.[2]

3° Lorsqu'un ou plusieurs des cohéritiers refusent de concourir à un partage amiable, ou lorsqu'à propos du partage à l'amiable il s'élève des contestations soit sur le mode de procéder, soit sur le mode de le terminer (Code Nap., art. 823), on devra également recourir aux formalités judiciaires. Cependant dès que les contestations qui se sont élevées ont été réglées en justice, les héritiers sont en droit de continuer les opérations du partage dans telle forme et par tel acte qu'ils jugent convenable.[3]

Hors ces trois cas le partage conventionnel, qu'il se présente sous la forme d'une vente, d'un échange ou d'une transaction, est toujours admis.

---

[1] MM. Aubry et Rau, § 623, n° 1, et les autorités citées à la note 31 du § 624.

[2] Chabot, art. 838, n° 2 ; Toullier, t. IV, 409.

[3] Favard de Langlade, *Manuel des Successions*, p. 241.

Les créanciers d'une succession ou bien les créanciers personnels des cohéritiers n'ont pas le droit d'exiger un partage judiciaire, lorsque la cohérie est d'accord pour y procéder amiablement[1]; ils ont d'autres garanties, l'apposition des scellés, l'opposition à leur levée, et le droit d'assister à l'inventaire et au partage.

La femme mariée qui est majeure peut compromettre avec l'autorisation de son mari; elle peut donc concourir à un partage amiable. Mais doit-il en être de même lorsqu'elle est mariée sous le régime dotal? En principe les articles 83, § 6, et 1004 du Code de Procédure civile s'opposent à ce que la femme mariée sous le régime dotal puisse, même avec l'assistance de son mari, soit compromettre sur les contestations relatives au partage d'une succession qui lui est échue, soit procéder à un partage amiable; de là il résulte que toutes les opérations devront toujours se passer en justice.[2] Cependant cette opinion nous paraît trop absolue, et nous nous rangeons préférablement à l'avis de M. Troplong, qui, tout en admettant le système du partage amiable, n'entend pas qu'on abuse de ce droit, en ce sens qu'il pourrait être au pouvoir des époux d'aliéner le fonds dotal en entier et d'y substituer des deniers périssables.[3]

II. Le *partage définitif* est celui qui fait cesser l'indivision d'une manière absolue quant à la jouissance et à la propriété des valeurs successorales; il rend chacun des copartageants propriétaire incommutable de la quote-part qui lui a été assignée. Le *partage provisionnel* a pour effet de ne porter que sur la jouissance, et de laisser subsister l'indivision quant à la propriété; les copartageants ne s'approprient que les fruits de la part qu'ils détiennent, si la bonne foi a présidé à leurs opérations.

---

[1] MM. Aubry et Rau, § 623, n° 3; Cour de cassation, 30 janvier 1843, et Cour de Poitiers, 10 juin 1851.

[2] MM. Rodière et Pont, *Contrat de Mariage*, t. II, n° 569.

[3] Troplong, *Contrat de Mariage*, t. IV, n°° 3112 et 3478.

Le partage peut avoir l'un ou l'autre de ces caractères, soit par la volonté des parties, lorsque maîtresses de leurs droits, elles conviennent de rester dans l'indivision en s'attribuant une part de jouissance de fruits : ce partage provisionnel peut toujours se transformer en un partage définitif, tant que la prescription de l'action n'est pas accomplie; soit par la disposition de la loi qui veut que, lorsque les règles prescrites pour les mineurs et les absents n'ont pas été observées, le partage ne soit que provisionnel.

«Autrefois, dit M. Favard de Langlade, les héritiers majeurs et maîtres de leurs droits[1] pouvaient seuls provoquer le partage définitif des successions immobilières ; les mineurs et les interdits, ni même leurs tuteurs ou curateurs en leur nom ne le pouvaient.» Mais cette législation a été changée, et les tuteurs dûment autorisés par le conseil de famille peuvent intenter une action en partage définitif.

Le mineur devenu majeur n'a pas besoin d'attaquer le partage qui a été fait pendant sa minorité sans l'observation des formalités requises ; il peut procéder de suite, par voie directe, et demander le partage : son action sera recevable alors même que son tuteur aurait déjà exécuté le premier partage.[2]

Le majeur qui a concouru à un partage provisionnel, n'est pas recevable, aux termes de l'article 1125 du Code Napoléon, à se prévaloir de ce que les formalités de justice n'ont pas été observées, pour provoquer un nouveau partage; et le créancier de ce copartageant majeur, qui ne peut avoir plus de droits que son débiteur, est également non recevable à soutenir que le partage n'est pas définitif.

On s'est demandé si, lorsque les époux sont mariés sous le régime dotal, le mari qui n'a qu'un simple droit de jouissance sur les biens échus à sa femme, peut néanmoins provoquer, sans son concours, un partage non pas provisionnel, mais définitif. Pour soutenir l'affir-

---

[1] Pothier, *des Successions*, ch. IV, p. 188.
[2] Cour de Nancy, 11 décembre 1837.

mative, [1] on s'est fondé sur l'article 1549, qui rend le mari administrateur des biens dotaux pendant le mariage; mais en présence de l'article 818 il semble préférable de penser que le mari, n'ayant qu'un droit de jouissance sur ces biens, ne peut aussi provoquer qu'un partage de jouissance. [2] En règle générale, il doit être appelé au partage comme usufruitier du fonds quand le mariage a été célébré sous le régime dotal, ou comme administrateur de la communauté, qui est elle-même usufruitière, quand le mariage a été contracté sous le régime de la communauté. [3]

CHAPITRE V.

Règles et formes du partage judiciaire.

Si la loi laisse aux parties la faculté de faire les partages à l'amiable, tels qu'elles l'entendent, il n'en est pas de même du partage judiciaire. Voyons donc quelles formalités doivent être suivies.

L'action doit être portée devant le tribunal du lieu où s'ouvre la succession, c'est-à-dire au domicile du défunt (Code Nap., art. 822, et Code de Proc. civ., art. 59), et ce tribunal doit en être saisi, quelle que soit l'époque de la demande et quand bien même tous les héritiers demeureraient ensemble dans un autre lieu. Tant qu'il ne s'élève pas de contestations sur le fond du droit des parties, le tribunal juge comme en matière sommaire (Code de Proc., art. 404); il nomme, s'il y a lieu, un juge-commissaire à l'effet de surveiller plus spécialement les opérations du partage, et un notaire devant lequel se passeront ces opérations (Code Nap., art. 823; Code de Proc., art. 969). Le juge-commissaire n'a pas plus qualité que le notaire pour trancher les difficultés qui s'élèvent entre les parties dans le cours des opéra-

[1] M. Delvincourt, t. II, p. 140, n° 3.
[2] MM. Rodière et Pont, t. IV, n° 3478.
[3] M. Prudhon, *de l'Usufruit*, t. IV, n° 1254.

tions; ce dernier dresse procès-verbal des contestations, et le tribunal décide sur le rapport du juge-commissaire.

Les opérations du partage sont :

1° *L'estimation des meubles et des immeubles de la succession.* Les meubles doivent être estimés par gens à ce connaissant (Code Nap., art. 825) et sans *crue.*[1] Des experts choisis par les parties ou nommés d'office font l'estimation des immeubles. Avant la loi du 2 juin 1841 le tribunal était astreint à nommer trois experts; aujourd'hui il peut s'en rapporter à l'appréciation d'un seul (art. 971 du Code de Procédure modifié). D'après l'article 970 le tribunal peut aussi déclarer qu'il sera procédé sans expertise préalable, en fixant lui-même la valeur ou la mise à prix des immeubles, même lorsqu'il y aura des mineurs en cause. Le procès-verbal des experts doit présenter les bases du partage d'après l'estimation, ou indiquer si les immeubles ne sont pas commodément partageables.

2° *La vente des biens s'il y a lieu.* Comme copropriétaire de chacun des objets qui composent la succession, chaque cohéritier a un droit *in tota et in qualibet parte*; de là il suit que les biens doivent être divisés en nature. Mais la vente est nécessaire pour les meubles, lorsqu'il y a des créanciers saisissants et opposants, ou lorsque la majorité des cohéritiers juge qu'il y a intérêt à les vendre; cette vente se fait alors d'après les règles tracées par le Code de Procédure civile, art. 945 et suivants. Quant aux immeubles, on ne doit les vendre que dans le cas où ils ne sont pas commodément partageables : pour cette licitation on suit les mêmes règles que pour la vente des biens des mineurs (Code de Proc., art. 953 et suiv.).

3° *La formation de la masse partageable.* Une fois les biens meubles

---

[1] Un édit de Henri II, du mois de février 1556, ayant rendu les estimateurs garants de leur prisée, ceux-ci, pour se mettre à l'abri, estimaient les meubles au-dessous de leur valeur vénale : de là on ajoutait au chiffre de l'estimation une augmentation qui était généralement du quart; on l'appelait *crue, plus-value, parisis.* Aujourd'hui les experts ne doivent plus avoir la même crainte.

et immeubles estimés ou vendus, les parties se retirent devant le notaire pour procéder aux comptes que les copartageants peuvent se devoir, et à la formation de la masse générale. Cette masse se compose, 1° de tous les meubles et immeubles en nature qui appartenaient au défunt lors de son décès, ou du prix de ceux qui ont été vendus ; 2° de tous les biens qui avaient été donnés par le défunt à l'un ou plusieurs de ses héritiers astreints au rapport, ou de leur prix s'ils ont été vendus ; 3° de toutes les sommes que chacun des cohéritiers pouvait devoir au défunt ; 4° de tout ce que les héritiers peuvent devoir respectivement à la succession d'après le compte qu'ils font entre eux. Sur cette masse il faut prélever, 1° les biens de même nature, qualité et bonté que ceux qui ne sont pas rapportés en nature par les héritiers donataires ; 2° les biens que le défunt avait légués à titre particulier, soit à des étrangers, soit à des cohéritiers, avec dispense de rapport jusqu'à concurrence de la quotité disponible ; 3° tout ce qui peut être dû à chaque héritier respectivement à raison des dépenses par lui faites pour la succession. Après ces prélèvements, ce qui reste de la masse générale de la succession forme la masse partageable qui doit être divisée entre les cohéritiers.

4° *La composition des lots.* Lorsque la masse partageable est déterminée, les lots sont faits par l'un des cohéritiers si les parties peuvent convenir du choix et si le cohéritier choisi accepte la commission ; dans le cas contraire ils sont faits par un expert que le juge-commissaire désigne (Code Nap., art. 834). Les rédacteurs du Code de Procédure civile ont, dans l'article 976 de ce Code, modifié et restreint la disposition de l'article 834, en ce sens qu'ils déclarent que les lots seront faits par l'un des cohéritiers, à la condition qu'ils seront tous majeurs. Ainsi, si parmi les cohéritiers il se trouve des mineurs, les lots ne pourront être faits que par experts désignés, et cette disposition s'applique évidemment lorsqu'il se trouve des héritiers interdits, des absents ou des non-présents.[1]

[1] Chabot, sur l'article 834.

Les lots doivent être parfaitement égaux, on en fait autant, dit l'article 831, qu'il y a d'héritiers copartageants ou de souches copartageantes, et l'article 836 ajoute que les règles établies pour la division des masses à partager doivent être également observées dans la subdivision à faire entre les souches copartageantes. Mais comment le partage s'opèrera-t-il lorsqu'il y aura inégalité de droits entre les copartageants? car le Code suppose que les lots sont égaux, et que les différents héritiers ou les différentes souches ont des droits égaux. Ce cas, non prévu par la loi, ne peut être soumis à des règles fixes et absolues; si, par exemple, un défunt laisse pour héritiers son père et un frère, on ne fera pas un seul lot d'un quart pour le premier et de trois quarts pour le second; les lots seraient alors attribués directement, tandis qu'ils doivent être tirés au sort, mais on fera quatre lots d'un quart chacun.

Une entière équité doit présider à la composition des lots : on doit éviter de morceler les héritages, de diviser les propriétés, et faire entrer, autant que possible, dans chaque lot la même quantité de meubles, d'immeubles, de droits ou de créances. Lorsque l'égalité que la loi cherche à atteindre ne peut être établie, on la compense par un retour soit en rente soit en argent; cependant la Cour de Bordeaux a décidé à ce sujet, le 17 février 1831, que la licitation doit être ordonnée lorsque le partage en nature ne peut être fait qu'au moyen de soultes trop considérables.

Les règles tracées par le Code pour la composition des lots sont impératives et non facultatives, elles ne peuvent être modifiées par les tribunaux[1] ; ainsi on ne saurait attribuer la totalité des meubles à l'un des copartageants à la charge d'en tenir compte aux autres, suivant l'estimation de l'inventaire.

5° *L'homologation du partage.* Quand le partage a été fait en la présence du notaire, les cohéritiers doivent proposer les réclamations

---

[1] Cour de cassation, 10 mai 1826 et 26 avril 1847.

qu'ils ont à élever contre la formation des lots; si les autres cohéritiers n'admettent pas ces réclamations, les plaignants doivent faire retour au tribunal. Puis la partie la plus diligente requiert l'homologation du partage, conformément à l'article 981 du Code de Procédure.

6° *Le tirage des lots*. Le tribunal, après avoir homologué le partage, ordonne que les lots seront tirés au sort, opération qui se fait chez le notaire; elle est essentielle comme présentant la garantie la plus certaine pour assurer une égalité parfaite. Dans le droit romain, le juge pouvait faire la répartition par voie d'attribution, et dans la majeure partie de nos anciennes coutumes, certains héritiers prenaient des parts hériditaires qui leur étaient spécialement attribuées. Les principes qui régissent aujourd'hui la matière s'opposent à de pareilles attributions.

7° *La délivrance des lots*. Le notaire remet à chaque cohéritier l'extrait du partage constatant le lot qui lui est échu avec les titres, pièces et documents qui s'y rapportent. Les titres d'une propriété divisée restent à celui qui a la plus grande part, à charge d'en aider ses copartageants, quand il en sera requis. Enfin les titres communs à toute l'hérédité, les titres de famille sont remis à l'un des cohéritiers agréé par les autres, en cas de désaccord choisi par le tribunal; ce cohéritier n'en a pas la propriété, il n'est que dépositaire et doit les fournir à toute réquisition. Dans l'ancien droit ces titres devenaient la propriété exclusive de l'aîné.

CHAPITRE VI.

Du retrait successoral.

L'article 841 du Code Napoléon consacre une disposition exceptionnelle en matière de succession, et qui dans la doctrine prend le nom de *retrait successoral*. Ce retrait puise son origine dans le droit romain : les lois *per diversas* et *ab anastasio*, 22 et 23 au Code *Mandati*, permettaient au débiteur d'une créance litigieuse cédée à un tiers de se faire subroger aux droits du cessionnaire en lui remboursant son prix de cession, pour empêcher par ce moyen, qu'un créancier de mauvaise foi dépeint par cette expression énergique : *Alienis rebus fortunisque inhians,* ne se substituât au premier créancier.

Par extension l'ancienne jurisprudence appliqua ces deux lois en matière de succession.[1] La loi du 19 floréal an II abolit le retrait successoral en même temps que le retrait lignager qui consistait dans le droit qu'avaient les héritiers de racheter, sous certaines conditions, les biens aliénés par leur auteur, ainsi que les autres retraits admis par les coutumes.[2] Mais différents arrêts de la Cour de cassation, intervenus sous le droit intermédiaire[3], décidèrent que les lois *per diver.* et *ab anasta.* ne devaient pas être considérées comme abolies dans leur application ; et le Code sanctionna cette nouvelle jurisprudence en déclarant que toute personne, même parente du défunt, qui n'est pas son successible, et à laquelle un cohéritier aurait cédé son droit à la succession, peut être écartée du partage soit par tous les cohéritiers, soit par un seul d'entre eux, en lui remboursant son prix de cession.

Le retrait successoral est donc la faculté légale accordée à tout cohéritier, d'écarter du partage un tiers qui ne s'y présenterait qu'en vertu d'une cession de droits successifs, et cette faculté est une véritable action en subrogation, puisqu'elle tend à faire subroger le cohéritier du cédant aux droits acquis par le cessionnaire.[4]

Empêcher des étrangers poussés par la haine ou la cupidité de s'immiscer dans les affaires de famille et de fouiller les papiers domestiques, arrêter des spéculations souvent désastreuses pour les cohéritiers, jusqu'à ce que les droits de chacun d'eux aient été déterminés par un partage, tel est le but que s'est proposé le législateur. Mais sa pensée a été rendue d'une manière trop concise par l'article 841,

[1] Lebrun, *des Successions*, l. IV, ch. 2, sect. 3, n° 66.
[2] Sirey, *Répertoire de Jurisprudence*, an XII, p. 178.
[3] Cour de cassation, 11 germinal an X et 8 frimaire an XII.
[4] Chabot, art. 841, n° 2.

car il en est peu qui aient donné naissance à autant de questions et soulevé autant de difficultés. Aussi, pour examiner ces différentes questions, diviserons-nous la matière en quatre sections : dans la première nous verrons à quelles personnes appartient cette action en subrogation ; dans la seconde, quels cessionnaires il est permis d'écarter ; dans la troisième, contre quels actes le retrait peut être demandé, et dans une dernière, sous quelles conditions et dans quels délais il doit être exercé : et dans ces quatre sections nous procèderons par voie d'énumération.

§ 1.

A quelles personnes appartient l'action en subrogation ? En principe on doit considérer comme capable d'exercer le retrait successoral toute personne contre laquelle il ne pourrait être demandé parce qu'elle a le droit de concourir à toutes les opérations du partage. Tels sont :

1° L'héritier du sang.

2° L'héritier institué, c'est-à-dire le donataire et le légataire universel ou à titre universel ; la loi 128 au *Digeste, de regulis juris,* réputait héritiers tous ceux qui succédaient dans l'universalité des droits du défunt : *Hi qui in universum jus succedunt, hæredis loco habentur.* Les donataires ou légataires sont tenus, comme les héritiers du sang, des dettes et charges de la succession ; comme eux, ils ont, au jour du décès du donateur, la propriété de leurs parts et portions dans les biens qu'il délaisse, et, comme eux, peuvent concourir au partage. Si on les assimile, sous tous ces rapports, aux héritiers du sang, ils doivent aussi jouir des mêmes droits.[1] *Quem sequuntur incommoda, eumdem debent sequi commoda, si commoda exstent.*

3° L'héritier bénéficiaire ; car il est investi de toutes les actions de l'héritier pur et simple, et agit comme représentant de la succession dans l'intérêt de celle-ci.

[1] Toullier, t. IV, § 441.

4° L'adopté. Aux termes de l'article 350 du Code Napoléon, il est successible, puisqu'il acquiert, dans la succession de l'adoptant, les mêmes droits que les autres enfants nés depuis l'adoption.

5° L'enfant naturel reconnu. Bien que la loi refuse à cet enfant la qualité d'héritier (Code Nap., art. 756), elle lui accorde cependant un droit sur les biens de ses auteurs, droit fixé à une fraction de la portion héréditaire ; il obtient donc une participation à tous les biens qui composent l'hérédité et, par suite, l'action nécessaire pour en faire fixer la quotité et en opérer la division : parmi ces moyens d'action se trouve le retrait successoral.[1]

6° Le curateur à la succession vacante de l'un des cohéritiers. Ce curateur remplace et représente le cohéritier, et comme, d'après l'article 814 du Code Napoléon, les dispositions de la section 3, chapitre 5, titre 1 du livre III de ce Code, sur le mode d'administration de l'héritier bénéficiaire, lui sont communes, il doit aussi pouvoir, comme lui, exercer le retrait successoral.

§ 2.

Le retrait peut s'exercer contre toutes les personnes autres que celles que nous venons de désigner, c'est-à-dire contre toutes celles qui doivent rester étrangères au partage, et notamment :

1° Le mari de la femme qui est elle-même héritière, bien qu'en sa qualité on ne puisse l'empêcher d'assister au partage, car le mari n'est pas un successible de sa femme.

2° Le cessionnaire d'un cohéritier, quoique le cédant soit mort depuis la cession et que les cohéritiers, appelés à lui succéder, aient accepté la succession. On ne saurait, dans ce cas, repousser l'action en retrait par l'exception de garantie, car l'article 841 confère un droit tout personnel, dont la mort du cédant ne peut ni changer ni altérer le caractère.[2]

---

[1] Cour de cassation, 8 juin 1826.
[2] Cour de cassation, 15 mai 1844.

3° Les cohéritiers qui, après avoir cédé leurs droits à titre onéreux, les reprennent au même titre, pourvu que l'action ait été introduite avant la rétrocession, qui alors ne serait envisagée que comme un moyen d'éluder l'application de l'article 841.[1]

4° Le cessionnaire de l'héritier d'une ligne par un héritier d'une autre ligne. Supposons que l'un des héritiers de la ligne paternelle vende ses droits à une personne qui n'est pas elle-même appelée au partage, ce ne sera pas seulement le cohéritier paternel, mais aussi les héritiers de la ligne maternelle qui pourront exercer le retrait; car tous les héritiers de l'une ou de l'autre ligne sont héritiers au même titre, ils sont tous successibles, et ils pourraient tous être également gênés dans le partage à faire du patrimoine du défunt.[2]

5° L'héritier qui a renoncé à la succession. Il est censé n'avoir jamais été héritier, car par sa renonciation il perd tous ses droits; il ne peut donc plus se présenter au partage comme cessionnaire, à moins qu'il ne vienne à se prévaloir d'une donation ou d'un legs universel; le caractère de la libéralité déterminera ses droits.

§ 3.

Sous le rapport des actes auxquels les parties ont eu recours pour opérer la cession, la jurisprudence va nous offrir différents cas dans lesquels le retrait successoral peut être exercé; ainsi les cohéritiers seront fondés à demander le retrait contre :

1° Une adjudication judiciaire aussi bien que contre une vente volontaire, parce que l'article 841 n'établit à cet égard aucune distinction.[3]

2° Un acte qualifié mandat par lequel un héritier charge un tiers de toucher pour lui sa portion héréditaire, et auquel, après prélèvement d'une certaine somme, il abandonne le surplus.[4]

---

[1] Cour de cassation, 4 mai 1829.
[2] Marcadé, t. III, § 311.
[3] Cour de Lyon, 19 juillet 1843.
[4] Cour de cassation, 23 novembre 1842.

3° Un acte d'échange, lorsque le prix de la cession est payé au moyen de la dation d'immeubles au lieu de l'être moyennant un prix fixé en argent. La valeur des immeubles abandonnés peut être facilement estimée et remboursée.[1]

4° La vente faite par un cohéritier de tous les immeubles qui lui sont échus dans la succession, encore bien que les immeubles soient désignés et déterminés dans l'acte.

5° Les ventes faites successivement, soit à un seul soit à plusieurs de l'universalité mobilière ou immobilière de la succession.

6° Une cession improprement qualifiée par les parties de donation et qui serait faite à titre onéreux ; l'héritier retrayant peut provoquer l'estimation et rembourser le prix.

Mais le retrait successoral ne peut être admis :

1° Contre une cession faite à titre purement gratuit et qui ne présenterait ainsi aucun prix à rembourser.[3]

2° Contre la vente d'un objet déterminé de la succession ; car cette cession ne donne pas le droit au cessionnaire de concourir au partage.[4]

3° Contre la vente des immeubles restés indivis après le partage.[5]

§ 4.

De ce que nous venons de dire, il résulte que trois conditions sont nécessaires pour que le retrait soit possible :

1° Qu'il y ait eu antérieurement au partage cession à titre onéreux d'une quote-part ou d'une universalité de droits successifs ;

2° Que la cession ait été faite par un cohéritier ;

3° Que le cessionnaire soit non successible du défunt.

[1] Cour de Caen, 19 mars 1842.

[2] Cour de cassation, 1er décembre 1806.

[3] Le retrait peut être exercé contre l'acquéreur du cessionnaire à titre gratuit, qui par son acquisition se trouve aux droits de l'héritier donataire.

[4] Cour de cassation, 4 août 1840.

[5] Cour de cassation, 27 juin 1832.

Les héritiers qui ont reconnu les droits et la qualité d'un cessionnaire, et l'ont admis soit à concourir à toutes les opérations du partage, soit à jouir et disposer des droits cédés, ne pourront plus exercer contre lui le retrait successoral; cependant si le cessionnaire n'avait concouru qu'aux premières opérations du partage, il pourrait encore être évincé.

Le remboursement auquel le cessionnaire a droit, doit être du prix de la cession : d'où la conséquence que le retrayant peut discuter tant le titre que le prix et les conditions véritables de la cession; et en outre il n'est pas tenu de faire des offres réelles, car l'article 841 ne l'exige pas; il suffit qu'il se soumette à l'obligation de payer, et qu'il l'accomplisse quand il en sera requis.

L'héritier qui exerce le retrait successoral acquiert un droit exclusif et personnel; mais tant que le retrait n'est pas consommé, soit par le remboursement au cessionnaire du prix de la cession, soit par une décision judiciaire qui admet le retrait au profit du retrayant, ses cohéritiers peuvent demander à être admis au bénéfice du retrait. La loi ne renferme aucune disposition dont on puisse induire que le bénéfice doive appartenir exclusivement à celui des cohéritiers qui a le premier exercé cette action; et il est bien plus conforme aux principes de l'égalité qui doit régner entre les cohéritiers, de les y admettre tous. Mais il serait contraire aussi à toute équité de leur permettre d'attendre jusqu'à ce que le résultat de l'exercice du retrait soit connu; il faut donc admettre les cohéritiers, alors seulement que le retrait n'est pas consommé.

Le retrait ne peut être exercé que lorsque la succession est ouverte : aussi pendant la durée de la possession provisoire des biens d'un absent, les héritiers présomptifs ne peuvent se faire subroger dans les droits que l'un des envoyés en possession a cédés à un tiers, car la succession de l'absent n'est censée ouverte que dans les cas spécifiés par l'article 129 du Code Napoléon.

La loi n'a pas fixé de délai pour l'exercice du retrait successoral;

il peut avoir lieu tant que le partage n'est pas consommé, et même après ce moment si la cession avait été tenue cachée.[1]

DEUXIÈME PARTIE.

DES RAPPORTS.

Le rapport à succession est l'acte par lequel les cohéritiers qui ont été avantagés par le défunt, font état à la masse de la succession de ce qui leur a été donné, pour être compris dans le partage.

Rapporter à une succession dans le sens naturel du mot, c'est remettre dans le patrimoine du défunt une chose qui en est sortie, et dans ce sens les dons entre vifs peuvent être rapportés ; mais la loi appelle aussi rapport la défense de réclamer les legs dont un testateur aurait avantagé un de ses héritiers. Ce n'est pas là un rapport proprement dit, l'héritier n'ayant jamais eu les biens légués en sa possession ; il est seulement obligé de les *laisser* dans la masse partageable. On va même jusqu'à donner le nom de rapport au remboursement des dettes dont l'héritier est débiteur lors de l'ouverture de la succession : la rédaction peu rigoureuse de l'article 829 a prêté à cette extension.[2] Mais l'erreur est grave, car le paiement des dettes est soumis à des règles bien différentes de celles auxquelles le rapport est assujetti ; le cohéritier débiteur ne peut se dispenser de payer la dette en renonçant, et d'un autre côté, s'il a des termes, on ne peut l'astreindre à les payer avant l'échéance.[3]

Le rapport ainsi défini, nous allons rechercher son origine et les modifications qu'il a subies dans notre ancien Droit ; nous verrons ensuite sur quels principes est basé le rapport, et dans quel cas le tes-

[1] Nos anciennes Coutumes d'Alsace admettaient généralement que le droit de retrait ne durait que pendant l'an et jour (*Ancien Statuaire d'Alsace*, p. 25).

[2] M. Duranton, t. VII, n° 229.

[3] M. Marcadé, § 298.

tateur peut en dispenser. Puis, dans les différentes questions qui nous resteront à examiner, M. Treilhard nous servira de guide, lorsqu'il dit à la séance du Corps législatif, en présentant le projet du Code : «Toutes les difficultés en cette matière se rapportent toujours néces- «sairement à ces questions : Par qui est dû le rapport? A qui est-il «dû? Comment doit-il être fait?» Seulement nous verrons en outre quels avantages sont soumis au rapport, ou peuvent en être dispensés.

CHAPITRE I.

Origine du rapport.

Le rapport tire son origine du Droit romain *(collatio bonorum)*, où le préteur l'avait introduit en faveur des enfants émancipés, lorsqu'ils furent appelés à recueillir la succession de leur père conjointement avec des enfants restés dans la famille. Selon la rigueur du Droit ancien, les héritiers siens, et ce titre n'appartenait qu'aux fils de famille en puissance paternelle, étaient seuls admis à succéder *ab intestat;* et, comme la puissance paternelle empêchait toute donation juridique du père au fils, il ne pouvait évidemment être question de rapport. Mais bientôt le préteur mit les enfants émancipés sur la même ligne que les autres, en leur donnant la possession de biens *contra tabulas,* ou la possession de biens *unde liberi;* alors, pour conserver une égalité parfaite, on les obligea à rapporter à ces successions, dans lesquelles ils venaient d'obtenir des droits, non-seulement ce qu'ils avaient reçu du défunt, mais encore tous leurs biens sans exception. Dans les mêmes vues d'égalité, la fille, qu'elle fût émancipée ou non, lorsqu'elle se présentait à une succession *ab intestat* ou à une possession de biens, était obligée de rapporter la dot qu'elle avait reçue.[1] Justinien[2] rendit ces rapports obligatoires pour

[1] Const. 12, Code de *collat. bonorum.*
[2] Const. 20, *ibid.*

tous les enfants sans distinction, et même par la Novelle 18, ch. 6, il ordonna que le rapport fût fait dans les successions testamentaires aussi bien que dans celles *ab intestat.* Ce rapport, toutefois, n'était imposé qu'aux héritiers de la ligne descendante.

Les principes du rapport passèrent en France dans les pays de Droit écrit et furent diversement appliqués, étendus ou modifiés par nos coutumes ; cependant la plupart d'entre elles fondaient l'obligation du rapport sur la nécessité de maintenir l'égalité entre les descendants. Du reste, elles pouvaient se ranger en trois classes quant à cette matière :

1° Les coutumes d'*égalité parfaite*, d'après lesquelles l'obligation du rapport était absolue ; ni le testateur ne pouvait en dispenser les héritiers, ni les héritiers eux-mêmes ne pouvaient s'en affranchir en renonçant à la succession.

2° Les coutumes de *simple égalité*, parmi lesquelles se trouvaient celles de Paris et d'Orléans : la faculté de dispenser du rapport était enlevée au testateur, mais les héritiers pouvaient s'en affranchir en renonçant.

3° Les coutumes de *préciput*, d'après lesquelles, contrairement aux deux autres, le testateur pouvait dispenser du rapport, en déclarant que la donation ou le legs était fait par préciput et hors part, et non en simple avancement d'hoirie. L'héritier s'en affranchissait par la renonciation. [1]

Sous le régime du Droit intermédiaire, la loi du 17 nivôse an II adopta le système des coutumes d'égalité parfaite, en proscrivant les avantages faits avec dispense de rapport, et en établissant une incompatibilité absolue entre la qualité de successeur et celle de donataire ou légataire. Mais la loi du 4 germinal an VIII, § 5, abrogea ces dispositions prohibitives, et les règles établies par le Code sont empruntées à cette dernière loi, qui permettait au testateur, d'après

[1] Pothier, *des Successions,* ch. 4, art. 2, § 1.

l'énonciation de sa volonté, de dispenser du rapport ou de l'exiger ;
«aujourd'hui la volonté de l'homme peut toujours intervertir l'ordre
«légal des successions.»[1]

CHAPITRE II.

Nécessité du rapport. — Dispense que peut accorder le donateur.

La nécessité du rapport est un corollaire du principe que tout partage
entre cohéritiers doit reposer sur les bases de la plus parfaite égalité ;
en effet, pour établir cette égalité, il faut faire rentrer dans la masse
partageable tout ce qui a été reçu à titre gratuit par les uns, au
préjudice des autres auxquels il n'a rien été donné ; et il pourrait arri-
ver que celui qui a été gratifié d'une donation serait admis à prendre
plusieurs parts dans la succession, l'une comme donataire, l'autre
comme héritier. De là naîtraient des rivalités qui viendraient troubler
l'harmonie et la concorde si nécessaires entre les membres d'une même
famille, rivalités que le législateur a dû chercher à prévenir. Aussi le
rapport a-t-il toujours été de droit commun en France, et dans le
Droit romain où la loi première au Digeste *De collatione* commen-
çait par ces mots : *Hic titulus manifestam habet æquitatem.*

Si la nécessité des rapports est hors de toute controverse, son application présente souvent de sérieuses difficultés lorsqu'on se trouve
en présence d'une volonté exprimée par le défunt, d'user d'un droit
que lui donne la loi, et de rompre l'égalité qui devait régner entre
ceux appelés à divers titres au partage de sa succession, lorsqu'en
un mot il veut dispenser certains de ses héritiers du rapport, dans les
limites de la quotité disponible.

Cette volonté doit résulter soit des termes précis, mais non sacramentels de la donation, soit de la nature ou du contexte de l'acte
auquel le disposant a eu recours : quant aux termes de l'acte, il n'est

[1] M. Demante, t. IV, p. 177.

pas nécessaire que le testateur en faisant un acte de donation ou un legs , ait expressément déclaré que le don ou le legs est à titre de préciput et hors part ou avec dispense de rapport ; il suffit qu'il se soit servi de toute autre expression , pourvu qu'elle indique d'une manière non équivoque que telle a été son intention.[1] Ainsi celui qui donne tout ce dont la loi lui permet de disposer, dispense par là même du rapport.[2] L'appréciation des juges est souveraine à cet égard, dit un arrêt de la Cour de cassation du 27 mars 1850.

Quant à la nature ou au contexte de l'acte, la dispense du rapport peut également en résulter : ainsi, si un testateur fait d'abord à chacun de ses cohéritiers ou à l'un d'eux un legs particulier, et ajoute que le surplus sera partagé en portions égales, en exprimant ces deux idées, il exprime également la dispense de rapporter le legs particulier. De même, si un bien a été légué à un héritier, à charge de le conserver pour ses enfants, il y a là dispense implicite.[3] Une institution générale d'héritier, un legs universel ou à titre universel emportent de plein droit dispense de rapport sous la réserve toutefois de la légitime qui est due aux héritiers.[4]

Les donations déguisées sous forme de contracts onéreux ont-elles le même effet que les institutions[5]? Je ne puis le croire, car ce mot *indirectement* placé dans l'article 843 à côté du mot *directement*, n'aurait pas de sens, si le législateur n'avait voulu atteindre les dona-

---

[1] Toullier, t. IV, p. 455.

[2] Cour de Caen, 16 décembre 1850.

[3] M. Marcadé, t. III, n° 316.

[4] Cour de cassation, 25 août 1812 et 14 mars 1853.

[5] La question de la validité des donations déguisées sous la forme d'un contrat onéreux, et faites entre personnes capables de donner et de recevoir, n'est plus douteuse aujourd'hui ; elles sont valables. Cette solution est basée sur ce qu'il est permis de faire indirectement tout ce que la loi permet de faire directement. Remarquons toutefois que l'acte sous lequel le disposant a déguisé ses intentions, doit être revêtu de toutes les formalités essentielles pour la validité de cet acte (Cour de Colmar, 7 août 1834, et Cour d'Amiens, 16 novembre 1852).

tions déguisées, soit par interposition de personnes étrangères, soit par simulation de contrat, soit par supposition de titre. Mais ici encore le juge est appréciateur souverain ; il peut rechercher l'intention du donateur dans les faits et circonstances de la cause qui lui est soumise. S'il voit dans le contrat onéreux une donation pure et simple, il ordonne le rapport, si au contraire il trouve que le disposant a voulu donner par préciput et hors part, il le proclame. Il est donc permis de regretter que l'article 843 n'ait pas exigé des termes sacramentels pour dispenser du rapport.

CHAPITRE III.

Par qui et à quelle succession est dû le rapport.

Tout héritier, c'est-à-dire tout parent légitime appelé *ab intestat* à une succession, qu'il appartienne à la ligne directe ou à la ligne collatérale, même lorsqu'il accepte sous bénéfice d'inventaire, est soumis à l'obligation du rapport ; les successeurs irréguliers, enfants naturels, n'en sont pas tenus ; car d'après l'article 760 du Code Napoléon, à la différence des héritiers légitimes, les enfants naturels imputent les choses qu'ils ont reçues du défunt par donation ou autrement, sur la part qui leur revient dans la succession, et cette part, on le sait, est du tiers de ce qu'ils recevraient s'ils étaient enfants légitimes ; si leur part a été excédée, ils sont obligés de payer l'excédant à la masse comme débiteurs.

Le donataire qui n'était pas héritier présomptif lors de la donation, mais qui se trouve successible au jour de l'ouverture de la succession, doit également le rapport, à moins de dispense ; la loi présume que le défunt n'a entendu avantager le donataire que dans le cas où il resterait étranger à la succession.

A défaut de dispense, l'héritier peut, comme dans les coutumes appelées de simple égalité, s'exempter du rapport, c'est-à-dire retenir les dons entre vifs, et réclamer les legs en renonçant à la succession.

Ici se place une question vivement controversée entre les auteurs et jugée diversement par les Cours d'appel et la Cour suprême : «L'enfant «qui renonce, peut-il retenir son don jusqu'à concurrence de la quo-«tité disponible et de sa part de réserve cumulées?» MM. Chabot, Grenier et Delvincourt ont soutenu l'affirmative; mais les deux premiers sont, il est vrai, revenus de leur opinion. La Cour de cassation, par un arrêt notable dit *Laroque de Mons* du 18 février 1818, avait rejeté ce cumul et maintenu sa jurisprudence jusqu'en 1843, lorsque le 17 mai de cette année, par l'arrêt dit *de Castille,* elle ressuscita l'opinion contraire, et continua à la professer, malgré les efforts remarquables de différents auteurs, et notamment de M. Marcadé. La controverse a été vive depuis, et récemment encore M. Troplong, dans un article publié par la *Revue de jurisprudence et de législation* du mois de mars 1854, a soutenu l'affirmative. Si nous devions nous prononcer au milieu des graves autorités, entre lesquelles la question a été débattue, nous admettrions la négative, et voici les dispositions de la loi contre lesquelles il nous semble que la faculté du cumul vient se heurter.

1° La renonciation fait disparaître entièrement la qualité d'héritier (Code Nap., art. 785). Si donc l'enfant répudie cette qualité, quel titre aurait-il pour réclamer la réserve? Celui d'enfant créancier de la réserve, a-t-on répondu. Mais d'une part, l'enfant *héritier* est incontestablement soumis à la disposition de l'article 785, qui ne l'en affranchit pas s'il joint à sa qualité d'héritier celle de donataire; d'autre part, la réserve loin d'être une créance, n'est au contraire qu'un droit héréditaire dont sont investis ceux-là seuls qui restent héritiers; car si cette réserve était une créance, chaque enfant qui renonce pourrait en réclamer le paiement, quand même il n'aurait pas obtenu des avantages particuliers.

2° L'article 786 veut que la part du renonçant accroisse à ses cohéritiers, permettre le cumul c'est donc créer une exception qui n'est pas dans la loi.

3° Il en est de même de l'article 866 qui règle la manière dont le successible investi d'une donation avec dispense de rapport, est obligé d'effectuer le rapport de ce qui excède la quotité disponible; s'il était entré dans l'esprit du législateur de faire une distinction en faveur de celui qui renonce, c'est bien dans cet article qu'elle aurait trouvé sa place.

4° Il en est de même encore pour l'article 920, qui, dans la généralité de ses termes, comprend tous les donataires, soit héritiers, soit étrangers, et prescrit la réduction des libéralités qui leur sont faites lorsqu'elles excèdent la quotité disponible; le cumul met obstacle à l'application de cet article.

5° Par l'article 924, le successible qui a obtenu une donation réductible, est autorisé à retenir sur les biens donnés sa part dans ceux dont le donateur n'a pas pu disposer, *s'ils sont de même nature.* Cette faculté n'est donc donnée qu'au successible acceptant, puisque le législateur en subordonne l'exercice au cas où il existe dans la succession des biens que le donataire vient partager avec ses cohéritiers.

6° Enfin l'article 845 exclut lui-même toute idée de cumul, puisqu'il ne permet au renonçant de retenir le don que jusqu'à concurrence de la quotité disponible. *Qui dicit de uno, de altero negat.*[1]

---

[1] Voyons à quel résultat conduirait ce cumul. Un père de famille a fait une donation par préciput et hors part de 1000 francs à l'un de ses enfants seulement. Il a favorisé l'établissement d'un autre enfant, en lui faisant un avancement d'hoirie sans dispense de 30,000 francs; à son décès il laisse trois enfants et une fortune de 40,000 francs, les rapports compris. Dans ce cas la quotité disponible est de 10,000 francs, et la réserve également de 10,000 francs pour chaque enfant. Comme le père n'a disposé que de 1000 francs par préciput, la part héréditaire de chaque enfant sera de 13,000 francs. Mais celui qui a reçu un avancement d'hoirie renonce à la succession, et il retiendrait, 1° ce qui reste sur la quotité disponible, c'est-à-dire 9000 francs; 2° sa réserve, qui est de 10,000 francs; ensemble 19,000 francs. Ainsi par sa renonciation le fils s'affranchirait de toutes les dettes et de toutes les conséquences d'une acceptation; il romprait l'égalité que le père a voulu établir entre ses enfants; il obtiendrait

Malgré l'opinion de M. Troplong, malgré la nouvelle jurisprudence de la Cour de cassation, nous pensons que le cumul ne doit pas être admis.

Le rapport ne se fait qu'à la succession du donateur, dit l'article 850; il ne peut donc être exigé pour aucune autre succession. Au point de vue de l'utilité pratique, il est très-essentiel pour les créanciers d'un héritier d'empêcher que deux successions soient liquidées et partagées comme n'en formant qu'une seule; car, en opérant ainsi, il serait facile de faire évanouir le gage conféré à un créancier par un cohéritier sur sa part dans la succession de l'un des auteurs communs, en la faisant absorber par les rapports que ce même cohéritier devrait à la succession de l'autre auteur.

L'héritier est tenu de rapporter tous les avantages qu'il a reçus personnellement; s'il vient à une succession par le secours de la représentation, il doit rapporter tout ce qui a été donné à celui qu'il représente, même dans le cas où il aurait répudié sa succession; mais s'il y vient de son chef sans le secours de la représentation, il ne doit pas rapporter ce qui a été donné à son auteur. Ces dispositions, consacrées par l'article 848, résultent du caractère même de la représentation que la loi considère comme une fiction de droit.

Les dons et legs faits au fils de celui qui se trouve successible à l'époque de l'ouverture de la succession, sont toujours réputés faits avec dispense de rapport; par conséquent, le père, venant à la succession du donateur, n'est pas tenu de les rapporter. Au premier abord l'article 847, qui consacre cette disposition, paraît inutile, puisque l'héritier seul doit le rapport; mais il faut le rapprocher des articles 911 et 1100, d'après lesquels toute donation faite à un enfant est censée faite à ses parents, auxquels il était défendu de

ce que le père n'a pas voulu lui donner, et il ferait disparaître la différence que la loi a établie entre la donation sans dispense de rapport et celle faite par préciput et hors part. La justice et l'équité se joignent donc au texte de la loi pour repousser ce cumul.

donner; l'enfant est considéré comme une personne interposée, et l'on comprend alors que le législateur ait voulu s'expliquer formellement à cet égard.

La loi établit une présomption semblable en faveur des dons et legs faits au conjoint d'un époux successible; ils sont toujours censés faits avec dispense du rapport. Si les dons sont faits conjointement à deux époux, dont l'un seulement est successible, celui-ci en rapporte la moitié; s'ils sont faits à l'époux successible seul, il les rapporte en entier. Cette présomption s'explique également par la pensée d'une interposition de personnes.

CHAPITRE IV.

A qui est dû le rapport.

L'action en rapport n'est accordée aux héritiers que dans le but de maintenir l'égalité entre eux : relativement à tous les autres, les biens donnés à un héritier sont comme s'ils étaient donnés à un étranger; ils sont et restent hors du patrimoine du défunt. D'où il suit que l'héritier renonçant, celui qui a été déclaré indigne, les donataires, les légataires et les créanciers sont tous non recevables à jouir du bénéfice du rapport; ils ne peuvent ni le demander, ni en profiter quand il est effectué : telles sont les dispositions précises de l'article 857 du Code.

Si les créanciers de la succession sont toujours exclus, si même, comme l'a décidé la Cour de cassation[1], ils sont sans qualité pour demander dans le silence des héritiers la nullité d'un avantage fait à l'un d'eux comme prohibé par la loi, car ce serait demander indirectement le rapport, il n'en est pas de même des donataires et légataires universels ou à titre universel : il est de règle qu'ils sont

[1] Cour de cassation, 9 juillet 1835.

placés sur la même ligne que l'héritier et qu'ils exercent les mêmes droits; ils peuvent donc, comme l'héritier, exiger un rapport au moins fictif, pour faire régler le montant de la quotité disponible qui doit leur être attribuée ; mais ils n'ont pas le droit d'exiger le rapport réel : la quotité disponible une fois fixée, il leur compète l'action en délivrance de legs.[1]

La règle générale, que les héritiers seuls ont le droit d'exiger le rapport, souffre deux exceptions en ce qui concerne l'enfant naturel et les créanciers d'un héritier.

1° L'enfant naturel reconnu, quoique la loi lui refuse la dénomination d'*héritier,* a cependant droit au rapport; en effet, la part qui lui revient dans la succession de ses auteurs ne peut pas être considérée comme une simple créance, il ne réclame pas tel objet particulier à lui légué, mais une part virile qui varie suivant la qualité des héritiers avec lesquels il se trouve en concours.

2° Quant au créancier du cohéritier qui a usé du bénéfice de la loi et a accepté une succession à laquelle le cohéritier a renoncé au préjudice de ses droits, l'exclusion prononcée par l'article 857 ne doit pas l'atteindre. Un arrêt de la Cour d'appel de Toulouse du 16 janvier 1835 a décidé que le droit de demander le rapport est tellement personnel aux héritiers, que leurs créanciers ne peuvent l'exercer. M. Duranton (t. VII, n° 266) professe une opinion contraire, et l'on est d'autant plus disposé à se ranger à son avis, que le droit d'accepter ou de répudier une succession est au moins aussi attaché à la personne de l'héritier que celui d'exiger un rapport, et on ne refuse pas au créancier le droit d'accepter aux lieu et place du renonçant.

[1] M. Marcadé, t. III, § 347.

CHAPITRE V.

Des avantages soumis au rapport.

En règle générale le rapport s'étend à tout ce que les héritiers ont reçu du défunt, à tous les avantages qui leur ont été faits directement ou indirectement; la loi n'a établi d'exception que pour certaines donations usuelles, auxquelles on n'attache pas assez d'importance pour les considérer comme une attribution réelle, et même pour ces donations faut-il s'en rapporter à une appréciation de faits, et juger s'il y a lieu au rapport selon les circonstances, et eu égard à la position de fortune de la famille.

L'esprit plutôt que le texte de l'article 851 nous indique les avantages soumis au rapport; ils peuvent se classer de la manière suivante :

1° Les avantages qui résultent de donations entre vifs proprement dites, peu importe que la donation soit en faveur du mariage, rémunératoire, ou à titre onéreux, pourvu que la libéralité existe.

Cependant deux cas sont exceptés : d'abord lorsque d'après l'article 1573 le père a constitué une dot à sa fille pour la marier à un individu déjà insolvable, et qui n'avait ni art ni profession avant le mariage, celle-ci ne sera pas tenue de rapporter sa dot à la succession de son père, mais seulement l'action au remboursement qu'elle a contre son mari; en second lieu, d'après l'article 918 le rapport ne peut être demandé par ceux des successeurs en ligne directe qui ont consenti à l'aliénation faite au profit de l'un d'eux à charge de paiement de rentes viagères ou à fonds perdus.

2° Les sommes dépensées par le défunt pour l'établissement de l'héritier; ces sommes sont ordinairement prélevées sur le patrimoine même, et c'est pour cela qu'elles sont soumises au rapport; il en est autrement des frais de nourriture et d'entretien qui sont dispensés du rapport, parce qu'ils se prélèvent sur les revenus.

3° Les sommes dépensées par le père pour le paiement des dettes de l'héritier; on ne distingue pas si le défunt en les payant a entendu faire une libéralité, ou s'il n'a eu d'autre but que de gérer les affaires du débiteur, en se réservent un recours contre lui. Ainsi le rapport est dû des sommes acquittées par le père pour couvrir les folles dépenses du fils[1], et des condamnations prononcées contre le père comme civilement responsable des fautes de ce dernier.[2]

Quid si le père a payé les dettes contractées par son fils, et qui sont annulables ou rescindables, lorsque, par exemple, le fils s'est constitué débiteur alors qu'il était encore mineur? Après de grandes controverses au Conseil d'État[3], on décida qu'il n'y avait pas lieu à rapport : ou bien les sommes sont modiques, si le père les a acquittées, on peut les considérer comme frais d'entretien; ou bien, au contraire, les sommes sont considérables, on peut reprocher au père d'avoir payé une dette qui n'existait pas légalement.

Quid du prix payé par le père pour libérer son fils du service militaire? En principe, c'est un avantage sujet à rapport; mais il n'en est plus ainsi lorsque le remplacement a été fait dans l'intérêt général de la famille, lorsque la présence du fils dans la maison était nécessaire; on a même décidé que si le remplacement avait été fait par pure affection, le rapport ne pouvait être exigé.

4° Les avantages qui résultent de différents actes, tels qu'une remise de dettes, une démission ou une renonciation à succession.

La remise de dette volontaire doit toujours être rapportée; en est-il de même d'une remise forcée, quand l'héritier débiteur a fait faillite, et que ses créanciers lui ont accordé un concordat? devra-t-il rapporter intégralement la somme que le défunt lui a prêtée, ou seulement la créance telle qu'elle a été réduite par les créanciers? Un arrêt de

---

[1] Chabot, art. 851, n° 1.
[2] Toullier, t. II, n° 271.
[3] Locré, *Com.*, t. V, n° 11.

la Cour de Paris du 3 février 1848 a décidé qu'il devait rapporter la somme intégrale, mais nous serions plus disposé à nous ranger à l'avis de la Cour de cassation qui a jugé le contraire[1], et nous pensons que si le défunt avait fait dans son propre intérêt un placement de fonds en prêtant à intérêts à son héritier, celui-ci venant à tomber en faillite, ne devra rapporter à la succession que le dividende accordé par le concordat; cependant il en serait autrement s'il était reconnu que le prêt n'a été fait que dans l'intérêt exclusif de l'enfant, pour aider à son commerce ou prévenir sa faillite.[2]

Le fils doit rapporter le prix vénal de l'office dont le père s'est démis pour l'en gratifier.

Enfin, la renonciation à une succession, faite par le père au profit de son fils, donne également lieu au rapport.

5° Les ayantages provenant des contrats à titre onéreux passés entre le défunt et son successible, lorsque ces contrats cachent sous une forme onéreuse une libéralité indirecte, mais évidente : tel serait un contrat de vente par lequel un père cèderait à son fils, pour le prix de 40,000 francs, une maison qui en vaut 100,000 ; la différence dans ce prix est assez grande pour constituer une donation. Cependant il faut remarquer que le bénéfice doit exister au moment même du contrat ; s'il n'est que postérieur, et s'il résulte d'une circonstance indépendante de la volonté des contractants, on ne peut exiger le rapport.

Il n'est pas dû de rapport pour les bénéfices faits par suite d'une association contractée sans fraude entre le défunt et son successible, dit l'article 854. Le sens de ces mots *sans fraude* est que le successible doit avoir été associé aux chances bonnes ou mauvaises de l'entreprise ; s'il n'a été associé que pour partager les bénéfices à réaliser, on sent qu'il y aurait injustice à ne pas le soumettre au rapport.

[1] Cour de cassation, 22 août 1842.
[2] MM. Devilleneuve et Carette, t. XLIV, 1, p. 186.

Quelle est aussi la valeur que l'on doit donner aux termes *acte authentique* employés par l'article 854? Par rapport à la loi civile, un acte authentique n'est autre chose qu'un acte reçu par un officier public ; on ne peut donc pas considérer comme renfermant l'authenticité nécessaire l'acte sous seing privé arrêté entre les parties, bien qu'ayant reçu date certaine par son enregistrement. Par rapport à la loi commerciale, une société est établie authentiquement dans la forme réglée par le Code de commerce, qui admet comme régulière et valable une société faite par acte sous seings privés, pourvu que l'extrait en soit publié et déposé au greffe du tribunal de commerce ; il semble donc que les deux formes authentiquesdoivent être admises selon que l'association a été ou civile ou commerciale.

CHAPITRE VI.

Avantages dispensés du rapport.

Par exception à la règle qui soumet au rapport toutes les libéralités directes ou indirectes faites par le défunt, la loi déclare non rapportables :

1° Les frais de nourriture et d'entretien. Rien n'est plus juste quand ils émanent de personnes pour lesquelles existe l'obligation civile de fournir des aliments ; s'ils émanent d'autres personnes, le rapport n'en est pas dû davantage, parce que ces frais se prélèvent ordinairement sur les revenus, comme nous l'avons déjà dit : si le défunt n'avait pas employé ses revenus pour ces frais d'entretien, il les aurait employés d'une autre manière, *lautius vixisset,* disent les auteurs ; le profit que le successible en a retiré n'a pas nui à ses cohéritiers. Cependant il ne faudrait pas étendre ce privilége aux frais de même nature faits en faveur d'un enfant majeur, marié, pourvu d'une dot, si ces frais se sont continués pendant plusieurs années. [1]

---

[1] Cour de Nancy, 20 janvier 1850.

2° Les frais d'éducation et d'équipement. Les frais d'éducation comprennent toutes les dépenses faites pour parvenir à l'obtention des grades académiques[1], qui ne doivent être rapportés que par exception, lorsque ces frais ne sont pas en rapport avec la fortune du père et le nombre de ses autres enfants.

3° Les frais de noces et présents d'usage qui se prélèvent ordinairement sur les revenus. En faisant de tels présents, on n'exerce pas une libéralité profitable, mais on remplit plutôt un devoir d'affection; il ne faudrait pas faire rentrer dans les présents d'usage le trousseau donné en dot par le père à sa fille, c'est là une dépense faite pour l'établissement de l'enfant dans le sens de l'article 851.

4° Les fruits et intérêts des choses sujettes à rapport, depuis la donation jusqu'au jour de l'ouverture de la succession. Ce n'est là qu'une application du principe écrit dans l'article 549 du Code, qui dit que le possesseur de bonne foi fait toujours les fruits siens; cette dispense s'applique même aux biens donnés qui ne se composent que de fruits et d'intérêts comme un usufruit, d'après cet axiome de droit : que les jouissances usufructuaires ne sont pas sujettes à rapport.[2]

5° Lorsque l'immeuble donné a péri par cas fortuit et sans la faute du donataire (Code Nap., art. 855). Cet article n'est que l'application de cet axiome de droit, *res perit domino*.

Comme le rapport a pour effet de résoudre *ab initio* le droit de propriété de l'héritier qui est forcé de restituer ce qu'il a reçu, il en résulte qu'il n'a réellement possédé que pour autrui, de sorte que la perte de l'immeuble doit être supportée par la succession à laquelle il n'est dû aucune récompense. Si le donataire avait fait assurer l'immeuble donné, et que cet immeuble eût péri par suite d'un incendie, il ne serait même pas tenu de rapporter l'indemnité qu'il aurait touchée de la compagnie d'assurance, en supposant que cet incendie

[1] Toullier, t. IV, n° 481.

[2] Coutumes de Paris, art. 309.

ne pût lui être imputé à faute ; car l'indemnité résulte d'un contrat spécial auquel les cohéritiers n'ont pas participé.[1] Mais si l'immeuble était déjà assuré au moment de la donation, ne pourrait-on pas soutenir, avec quelque apparence de raison, que le paiement des primes n'est qu'une dépense d'entretien toujours à la charge du propriétaire, et que, dans ce cas au moins, l'indemnité doit être rapportée?

Outre les cas prévus par le Code, le donateur peut, nous l'avons déjà vu, dispenser son successible du rapport, mais il ne peut le faire que dans la limite de la quotité disponible.

CHAPITRE VII.

Comment se fait le rapport.

Le rapport s'effectue de deux manières, en nature ou en moins prenant : en nature, lorsque la chose même qui avait été donnée est remise par l'héritier donataire à la masse de la succession ; en moins prenant, lorsque le donataire diminue sur sa portion héréditaire la valeur de l'objet qu'il a reçu et prend d'autant moins dans le surplus des biens.

Pour savoir dans quels cas le rapport se fait en nature ou en moins prenant, il faut distinguer entre les effets mobiliers et les immeubles.

I. Le rapport des effets mobiliers se fait toujours en moins prenant ; comme le mobilier est sujet au dépérissement, il ne pourrait être restitué en nature qu'avec grande perte pour la succession : la loi s'arrête donc à la valeur qu'il avait au moment de la donation, valeur qui a dû être constatée par l'état estimatif que prescrit l'article 948 du Code Napoléon, et qui doit être annexé à tout acte de donation d'effets mobiliers. Si cet acte n'existe plus, on y supplée, comme dans tous les cas analogues, par une évaluation qui sera faite sur les docu-

[1] MM. Aubry et Rau, t. IV, § 364, p. 475.

ments les plus certains, en donnant aux objets, au moins par approxi-
mation, la valeur qu'ils devaient avoir au moment de la donation.

Cette nécessité d'évaluer ne peut être exigée qu'à l'égard des meubles
corporels, et ne saurait être appliquée aux effets incorporels, comme
une rente, une créance, qui doivent être rapportées telles qu'on les
a reçues; le titre seul sera rapporté dans le cas où le débiteur est
devenu insolvable, à moins que les cohéritiers ne puissent argumenter
de la négligence de leur cohéritier.

Quant aux autres objets immatériels, tels qu'un fonds de commerce,
un office, un brevet de maître de poste, la valeur doit en être rapportée; et si un office a été supprimé sans indemnité, il n'est dû de
rapport que dans le cas où la faute du cohéritier aurait occasionné
cette suppression.[1]

Le rapport de l'argent se fait en moins prenant dans le numéraire,
afin d'éviter une double opération. La somme à rapporter porte intérêt
du jour de l'ouverture de la succession.

Si le mobilier donné était grevé d'un usufruit au moment de la
donation, il faudrait en estimer la valeur lors de l'extinction de
l'usufruit.[2]

II. Le rapport des immeubles se fait en nature, c'est-à-dire qu'ils
doivent être réunis à la masse tels qu'ils se trouvaient au jour de la
donation. Comme l'article 826 du Code permet à chaque cohéritier
de demander sa part en nature, la loi a dû lui permettre aussi d'exiger le rapport de la même manière. Il résulte de cette règle générale
que, malgré l'irrévocabilité des donations, le titre du donataire est
révocable et sa possession simplement temporelle; la révocation s'opère
d'une manière rétroactive, à partir de l'ouverture de la succession,
avec les fruits et revenus perçus depuis cette époque.

L'héritier doit rapporter l'immeuble tel qu'il l'a reçu; s'il a fait

[1] M. Marcadé, § 368.
[2] Grenier, t. II, n° 637.

53

des dépenses pour l'améliorer, on devra lui en tenir compte, mais seulement jusqu'à concurrence de la valeur dont l'immeuble se trouve augmenté lors du partage. Cette disposition de l'article 861 est une application du principe, que nul ne doit s'enrichir aux dépens de la fortune d'autrui, principe qui se trouve reproduit dans plusieurs textes de nos lois (Code Nap., art. 599, 1437, 1634 et 2175).

On devra également tenir compte à l'héritier des dépenses nécessaires qui sont dues, quand même le fonds ne se trouverait plus avoir la même valeur qu'au jour de la donation; car elles étaient indispensables pour sa conservation. Mais il ne faut pas confondre les impenses nécessaires avec les impenses simplement utiles, les dépenses d'entretien : ces dernières doivent être considérées comme charges de l'usufruit d'après l'article 605 du Code Napoléon, et restent à la charge du donataire qui en conserve la jouissance.

Quant aux dépenses purement voluptuaires, elles ne sont jamais remboursées.

Réciproquement le donataire doit tenir compte des dégradations et détériorations qui par son fait ou sa négligence ont diminué la valeur de l'immeuble : rien n'est plus équitable, car si la succession ne doit pas s'enrichir aux dépens du donataire, elle ne doit pas non plus éprouver de préjudice par sa faute.

Le donataire qui élève l'immeuble à une plus grande valeur, acquiert par cela même un privilége particulier sur cet immeuble, privilége que l'article 867 consacre en lui accordant le droit de rétention. Ce droit n'autorise pas toutefois le donataire à garder, lors de la restitution de l'immeuble, les fruits qu'il a perçus depuis l'ouverture de la succession.[1]

L'immeuble rentre à la masse franc et quitte de toutes charges créées par le donataire, et ainsi les servitudes et hypothèques qu'il aurait concédées sont éteintes de plein droit. En obtenant une hypo-

---

[1] Duranton, t. VII, p, 390.

thèque sur un immeuble qui faisait l'objet d'une donation, le créancier était averti par l'article 2125 du Code, du danger que courrait son droit hypothécaire; cependant l'article 865 lui permet de surveiller ses intérêts en l'autorisant à intervenir au partage; du reste, les créanciers hypothécaires ne sont pas seuls protégés contre les fraudes que les cohéritiers peuvent pratiquer, puisque les articles 882 et 1167 donnent à tout créancier d'un cohéritier le droit d'attaquer les actes faits en fraude de ses droits.

Le droit qu'a tout cohéritier réduit à sa part dans la réserve d'obtenir un lot comprenant la même quantité d'immeubles de même nature, et la même qualité de meubles a dû déterminer la disposition de l'article 866 du Code Napoléon, qui est plus impératif pour l'obligation de rapporter en nature, lorsque la quotité disponible a été excédée. Dans ce cas, si la valeur de l'immeuble donné excède de plus de moitié cette quotité, et que le retranchement ne puisse pas s'opérer commodément, le donataire doit rapporter l'immeuble en entier et prélever sur la masse la quotité disponible; si au contraire cet excédant n'atteint pas la valeur de la moitié de l'immeuble, le donataire peut le retenire en totalité, sauf à moins prendre, et à récompenser ses cohéritiers en argent ou autrement.

Si par suite du partage l'immeuble rapporté rentre dans le patrimoine du donataire, les charges dont il était grevé subsistent; on ne peut admettre qu'elles aient été éteintes, car le partage étant déclaratif et non translatif de propriété, le donataire est censé avoir toujours été propriétaire.

III. Contrairement à la règle générale le rapport se fait en moins prenant dans certains cas, et ce rapport est tantôt facultatif tantôt obligatoire.

Le rapport en moins prenant est facultatif :

1° S'il existe dans la masse héréditaire des immeubles de même nature, valeur et bonté que l'immeuble rapportable, de telle sorte qu'on en puisse former des lots à peu près égaux pour les autres cohéritiers.

2° Si le donateur, sans dispenser le donataire de l'obligation du rapport, lui a cependant accordé la faculté de retenir l'immeuble, à charge de verser dans la succession une somme équivalente. Cette clause se rencontre souvent, et pour prévenir toute contestation, on fixe le prix dans l'acte de donation.

Le rapport en moins prenant est obligatoire :

1° Lorsque l'immeuble donné a péri par la faute du donataire; dans ce cas, la valeur à rapporter est celle que l'immeuble aurait eue au jour de l'ouverture de la succession.

2° Lorsque l'immeuble a été aliéné par le donataire avant l'ouverture de la succession : cette exception, admise en faveur du tiers acquéreur qui peut conserver son immeuble, s'explique par des motifs d'ordre public; s'il en était autrement, tous les immeubles compris dans une donation sortiraient du commerce jusqu'au décès du donateur. Il s'ensuit que jamais les cohéritiers du donataire ne pourront inquiéter l'acquéreur, ni prétendre lui enlever tout ou partie du bien acquis; ils n'ont plus de droits sur l'immeuble et ne pourront exiger de leur cohéritier que le rapport en moins prenant sur le pied de la valeur qu'avait l'immeuble au moment de l'ouverture de la succession.

3° Lorsque l'immeuble donné a été exproprié pour cause d'utilité publique. Comme cette expropriation eût frappé le donateur, et que l'indemnité serait arrivée dans son patrimoine, le successible doit rapporter le montant de cette indemnité, ce qu'il fera en moins prenant.

4° Lorsque le défunt a acheté à son successible des immeubles de ses propres deniers, celui-ci doit le rapport du prix et non de l'héritage. [1]

Remarquons, en terminant, que la faculté de rapporter la valeur à l'époque de l'ouverture de la succession n'existe que pour les immeubles; quant aux meubles, objets mobiliers et droits incorporels, c'est leur valeur au jour de la libéralité qui doit être rapportée.

[1] Pothier, *des Successions*, ch. 4, art. 2, § 2.

DROIT COMMERCIAL.

DE L'ENDOSSEMENT RÉGULIER DES LETTRES DE CHANGE.

(Art. 136 à 139 du Code de Commerce.)

Notions générales. — Définition.

Le but des lettres de change est non-seulement d'éviter les frais et les risques auxquels les envois de fonds sont exposés, mais en général de faciliter les transactions commerciales ; ce but ne serait qu'imparfaitement atteint, si le preneur d'une lettre de change était obligé d'en encaisser lui-même le montant, ou de le faire encaisser sur une autorisation spéciale par acte séparé, de là naquit l'endossement.

Les mots endossement et endos sont synonymes, ils ont trois significations bien distinctes : dans un premier sens, endos veut dire tout ce qui est mis au dos d'une lettre ou d'un billet quelconque ; dans une seconde signification, tout ce qui est mis particulièrement au dos d'une lettre de change ou de tout autre effet négociable ; enfin, en troisième lieu, on entend par endossement l'acte par lequel on passe une lettre de change à l'ordre d'un autre.

Si nous prenons ce mot dans la dernière acception, nous trouverons deux catégories d'endossement : l'endossement régulier ou cession contenant le transport d'une lettre de change avec toutes les conséquences qu'entraîne une cession dans le droit commun, et l'endossement irrégulier qui ne contient pas toutes les formes voulues par la loi; ce manque de formalités n'entraîne pas la nullité de l'acte, mais il change la cession en une simple procuration.[1]

La lettre de change est un titre nominatif, une créance susceptible d'être cédée. Le droit commun a entouré la cession des créances de formalités tutélaires, dans l'intérêt réciproque des parties contractantes; mais ces formalités sont trop contraires à l'intérêt du commerce et à la rapidité qu'exigent ses opérations, pour que le législateur n'ait pas senti la nécessité d'établir des règles particulières à la cession des lettres de change, c'est-à-dire pour leur endossement; ces règles une fois établies, il n'a pas voulu forcer le porteur d'une lettre de change à la transporter par la seule voie de l'endossement, et il a admis comme valable le transport fait par la cession du droit commun, mais chacun reconnaîtra facilement qu'il est de son intérêt de suivre les prescriptions du Code de commerce.

L'endossement régulier peut être défini, l'acte écrit sur une lettre de change ou tout autre effet négociable, et ordinairement au dos, par lequel le porteur propriétaire légitime la transmet à l'ordre d'un autre dans la forme prescrite par la loi, en mandant au tiré d'en payer le montant à ce nouveau porteur, ou à celui à l'ordre duquel ce porteur l'aura passé lui-même.

L'endossement constate ainsi un contrat particulier passé entre l'endosseur et le nouveau porteur, indépendamment du tireur et du tiré, et qui s'ajoute aux autres contrats déjà exprimés dans la lettre. Ce contrat est une cession qui entraîne avec elle le transport de tous les accessoires de la créance, suivant l'article 1692 du Code Napoléon, et la garantie solidaire au profit du nouveau porteur.

---

[1] L'ordonnance de 1667, tit. V, art. 23, réservait le nom d'*endossement* à celui que nous avons appelé *irrégulier*, et le nom d'*ordre* à l'endossement régulier.

Effets exceptionnels de l'endossement régulier.

Par la nature même de l'endossement considéré comme acte commercial, ses effets doivent être plus puissants et plus énergiques que ceux de la cession du Droit civil; ils sont sont donc exceptionnels; et par un seul point nous sommes d'accord avec le droit commun, c'est que de même que la cession, l'endossement est parfait par le seul consentement des parties. Nous allons donc parcourir quelques-uns de ces effets exceptionnels.

En vue de consolider le crédit, il est dérogé aux articles 1694 et 1695 du Code Napoléon, et le fait d'endosser une lettre de change vous rend garant solidaire de toute la somme qu'elle énonce. La même garantie existe contre tous les endosseurs.

Dans le Droit civil, le cessionnaire n'est saisi de la créance que par la signification du transport aux débiteurs du cédant (Code Nap., art. 1691), tandis que par le seul effet de l'endossement, le nouveau porteur est saisi de plein droit à l'égard de tous les endosseurs. L'ordonnance de 1667 portait cette disposition en toutes lettres, mais le Code n'en parle pas; cependant son silence ne devra pas être regardé comme une dérogation à ce principe, car dans l'exposé des motifs fait au Corps législatif, nous lisons que la propriété d'une lettre de change se trouve transférée par un endossement régulièrement fait sans qu'il soit besoin de signifier le transport.

Par une fiction légale, l'accepteur est censé s'être engagé envers tous porteurs de la lettre, et particulièrement envers le porteur actuel sans les connaître.[2] Les conséquences de ce principe sont remarquables et entièrement exorbitantes du droit commun; il en résulte

---

[1] Locré, t. XVIII, p. 149. *Exposé des motifs de M. Begouen*, Com. XI.

[2] Cour de cassation, 26 janvier 1833 et 18 mars 1850; Cour de Paris, 15 juillet 1846.

notamment que l'accepteur ne peut opposer aucune exception au porteur.

Les vices de la lettre ne peuvent être opposés aux tiers de bonne foi ; à leur égard, l'acceptation d'une lettre fausse est valable ; il en est de même de l'endossement, car le porteur ne connaît que la solvabilité de l'endosseur ; il n'est responsable que de la dernière signature, de la signature de celui de qui il tient la lettre.[1] Sur ce point la jurisprudence est constante.

Les conditions nécessaires à l'existence d'un endossement régulier sont au nombre de deux :

1° Il faut que l'acte sur lequel on le donne soit un effet négociable.

2° Il faut que ce soit par la voie de l'endossement que l'on ait cédé cet effet. Si l'endossement était écrit par acte authentique sur une feuille autre que celle qui contient déjà l'effet, la cession serait valable, mais elle serait soumise aux règles du Code civil. C'est une conséquence forcée des principes de la matière, pour assurer le paiement au tiers porteur de bonne foi, car il pourrait fort bien ne pas avoir connaissance de la cession authentique.

Le cessionnaire devenu propriétaire d'un effet négociable peut se prévaloir de tous les droits du cédant ; il peut, comme porteur, passer la lettre à d'autres, et même la retourner au cédant de qui il la tient. L'auteur d'un endossement, devenu porteur par cet acte qu'on peut appeler une contrepassation, a la faculté de contrepasser la lettre à un des endosseurs précédents ; mais alors la garantie de l'endossement est éteinte par une sorte de confusion qui s'opère dans les droits des deux auteurs de la contrepassation.

Malgré la jurisprudence constante de la Cour de cassation, les auteurs sont loin d'être d'accord sur le point de savoir si une lettre de change peut être transmise après son échéance par voie d'endossement. Comme cette transmission pourrait, dans ce cas, s'opérer par

[1] Cour de cassation, 7 août 1807.

la voie de la cession civile, il semble que la même faveur devrait être attachée au transport fait dans la forme commerciale, et pour affranchir le porteur de toutes les formes et longueurs du Droit civil, en le faisant aussi échapper à toutes les exceptions qui pourraient être opposées au cédant. Savary se prononce pour la négative dans son Parère 76e; le tribunal de cassation, celui d'Angers et plusieurs autres avaient demandé au Tribunat qu'il tranchât la difficulté, mais le Code n'en parle pas. Or la loi, dans sa généralité, ne distingue pas, elle ne parle pas de la lettre échue ou non échue, et *ubi lex non distinguit et nos non distinguere debemus;* du reste, l'échéance d'une lettre de change ne modifie aucun de ses caractères, et ces motifs nous font croire qu'elle peut être endossée après l'échéance.[1] Les arrêts à l'appui de cette décision sont trop nombreux pour les citer. Des arrêts de Grenoble, de Lyon, 30 avril 1845, et Paris, 15 janvier 1832, ont décidé que l'endossement peut avoir lieu, même après le protêt faute de paiement. La Cour suprême[2] s'est prononcée de la même manière.

Une autre controverse existe, pour savoir si, quand on a assuré le paiement d'une lettre de change par une affectation hypothécaire, ce droit immobilier pouvait être transmis de main en main par l'effet de l'endossement et avec la même rapidité. L'article 1692 du Code Napoléon résout, ce me semble, cette question. L'hypothèque passe par le seul fait de l'endossement au cessionnaire, qui doit jouir des mêmes droits dont le cédant jouissait; s'il en était autrement, l'hypothèque resterait dans les mains du cédant, et quelles seraient les garanties du cessionnaire? On a dit qu'on pouvait craindre que l'ancien porteur, dessaisi de l'hypothèque, n'aille en donner mainlevée : c'est un danger que le cessionnaire peut éviter par sa diligence en faisant mentionner à la conservation des hypothèques le changement qui est

---

[1] Cour de Montpellier, 25 juillet 1851. M. Pardessus est de l'avis contraire; t. II, p. 405, § 3.

[2] Cour de cassation, 22 mars 1853.

survenu dans la personne et le domicile du bénéficiaire, et empêcher ainsi la radiation. On s'est effrayé, en second lieu, de la mobilisation du sol qui résultait de ce voyage des hypothèques entre les mains des différents endosseurs : ce sont là des craintes chimériques; d'ailleurs la principale action du commerce ne tend-elle pas à mobiliser les fortunes?

S'il existe un danger réel, c'est pour les tiers acquéreurs des immeubles grevés d'une telle hypothèque; pour s'en affranchir, ils doivent notifier aux créanciers l'offre de paiement; mais le domicile du porteur n'est pas connu, et d'un autre côté, l'article 146 du Code de commerce dit qu'on ne peut forcer un porteur à recevoir le paiement avant l'échéance. Ce n'est là qu'une difficulté d'ordre, à laquelle l'article 2152 du Code Napoléon donne le moyen de remédier.

Cette doctrine est également conforme à différents arrêts.[1]

Des formes de l'endossement régulier.

Ces formes sont tracées par l'article 137 du Code de commerce. La Cour de Trèves avait décidé[2] que la forme de la lettre de change doit être conforme aux usages du pays dans lequel son paiement est exigible. Mais la règle : *Locus regit actum*, est contraire à cette décision.[3]

La forme de l'endossement doit être substantielle, brève et concise, elle consiste dans la date, la valeur fournie et le nom de celui à l'ordre de qui l'effet est passé.

1° L'endossement est daté :

La date indique le lieu et le jour; à la rigueur, l'énonciation du lieu ne serait pas nécessaire puisque la remise de place en place est

---

[1] Cour de cassation, 15 mars 1825; Cour de Rouen, 9 mars 1830.

[2] Cour de Trèves, 20 février 1806.

[3] Cour de Douai, 1er décembre 1834.

constatée par le titre et n'intéresse pas l'endossement. La date est exigée pour prévenir les fraudes ou au moins pour les faire reconnaître ; elle met obstacle à la négociation que pourrait faire un banqueroutier des effets par lui soustraits à ses créanciers.

Le défaut de date ne rend pas l'endossement nul, il le fait envisager comme une simple procuration. Cette question avait été jugée diversement sous l'ancienne jurisprudence, mais nous pensons que c'est comme procuration qu'il faut considérer les endossements non datés, car on ne doit pas les priver de toute efficacité.

La date d'un endossement ne peut pas être remplacée par des termes équivalents ; ainsi il a été jugé que les termes *ut retro, ut supra* que l'on emploie quelquefois pour se reporter à la date précédante, ne constituent point une expression de date suffisante, et que l'endossement est irrégulier.[1]

Quant à la fausse date, l'article 139 du Code de commerce lui donne une gravité qui peut sembler exagérée, puisque, par application de l'article 147 du Code pénal, elle en soumet l'auteur aux mêmes peines qui doivent frapper celui qui aura créé une lettre de change entièrement fausse.

2° L'endossement doit exprimer la valeur fournie.

De même que la lettre de change, l'endossement doit indiquer la nature de la valeur fournie. Cette règle est une application du principe que tout engagement doit avoir une cause, et une dérogation à celui qui en suppose une, dans ceux qui n'en expriment pas, jusqu'à la preuve du contraire (Code Nap., art. 1132) ; l'endossement doit renfermer en lui-même toutes ses formes extrinsèques à l'égard des tiers ; il faut qu'en tout temps on puisse examiner la nature des valeurs, et avoir dans le texte même de l'acte la preuve de leur réalité.

L'endossement doit énoncer que la valeur a été fournie en espèces, en marchandises, en compte, ou en telle autre chose que ce puisse

[1] Cour de cassation, 14 novembre 1821.

être; une énonciation faite par les mots *valeur reçue* ne rendrait pas l'endossement translatif de propriété; cette expression peut tout au plus être apposée sur un billet à ordre non commercial et le rendre susceptible d'un transfert efficace.[1]

Les formules : valeur *entendue*, valeur en *moi-même*, ne sont pas admises, elles ne remplissent pas toujours le but de la loi ; et les tribunaux ont le droit de juger d'après les circonstances si les parties l'ont observée.[2] Remarquons en outre que la nature de la valeur doit avoir une cause licite et ne pas être contraire aux bonnes mœurs.

L'endossement qui n'énonce pas la valeur fournie ne transfère pas la propriété et ne vaut que comme procuration.[3]

3° L'endossement doit porter le nom de celui à l'ordre de qui la lettre est passée.

Il est de l'essence d'une lettre de change que la propriété en soit transférée par la voie de l'ordre ; aussi le défaut de cette expression ferait-il perdre à un effet son caractère ; il ne serait plus qu'un titre privé de la faculté d'être transmis par un endossement ultérieur : le manque de cette formalité ferait donc d'un endossement une cession pure et simple de la créance ; malgré l'opinion de M. Delaporte (t. 1er, § 267), les usages commerciaux ont admis ce principe.

Ainsi il faut que l'endossement soit fait à l'ordre de quelqu'un, et, si c'est pour une société, au nom des gérants ou représentants. Il suffit de mettre le nom sans désignation de qualités ; car le fait de la possession du titre fait présumer que c'est bien au profit de celui qui détient la lettre qu'elle a été endossée.

Il n'est pas nécessaire que l'endossement soit de l'écriture de celui qui y appose sa signature ; il suffit que l'endosseur ait signé pour qu'il

[1] Cour de cassation, 24 juin 1812, 9 novembre 1836 et 12 juillet 1820.
[2] M. Pardessus, t. II, p. 389.
[3] Bruxelles, 9 août 1810.

soit censé avoir ratifié l'endossement. Un endossement qui est entièrement en blanc et n'offre que la signature né saurait être considéré comme régulier, et dès lors il n'opère pas le transport (Code de Comm., art. 138). En effet, celui qui a apposé simplement sa signature sans aucune énonciation, est censé ne l'avoir mise que pour être remplie d'un reçu par celui qu'on a chargé de recevoir le montant, et pour lui tenir lieu de pouvoir. Quoique la loi n'ait pas parlé de ces endossements en blanc, la jurisprudence est unanime pour les rejeter.

Nous avons dit que l'une des conditions nécessaires à l'existence d'un endossement régulier est que l'acte soit écrit sur un effet négociable; mais souvent il arrive qu'il n'y a plus de place sur l'effet même pour écrire de nouveaux endossements, on y ajoute alors des *allonges*, sur le recto desquelles on fait une déclaration pour éviter les fraudes qui pourraient se commettre.

Vu par le professeur soussigné, président de la thèse.

Strasbourg, le 44 août 1854.

ESCHBACH.

FIN.